人間関係の悩みを消す

アドラーの言葉

桑原晃弥

人は努力と訓練によって何者にでもなることができる

アルフレッド・アドラー（1870～1937年）はオーストリア出身の精神科医であり、心理学者です。ジークムント・フロイト、カールグスタフ・ユングと並んで現代心理学の基礎を築いた一人です。ここ数年、アドラーに関する本が多数出版され、フロイトやユングを上回るほどの著名人となっていますが、それ以前はフロイトやユングの名前を知る人でさえアドラーの名前をあまり耳にすることがなかったというのが本当のところです。

アドラーの業績が二人に劣っていたわけではありません。アドラーの「個人心理学」はヨーロッパで生まれ、そしてアメリカにおいても数々の著書がベストセラーになるなど大変人気のあった心理学者ですし、デール・カーネギーなど「自己啓発」の大家たちにも大きな影響を与えています。

にもかかわらずアドラーの名前があまり語られなくなったのは第二次世界大戦に

際してナチスが行なったユダヤ人の虐殺《ぎゃくさつ》などでアドラーの後継者たちの多くが亡くなったことも影響しています。以後、アドラーの名前を一般の人が耳にすることは少なくなったものの、それでもアドラーの提唱した考え方は着実に受け継がれ、そして今の日本で大きなブームとなっているのですから、アドラーの心理学がいかに根強いかがよく分かります。

それにしてもなぜ今の時代、アドラーはこれほどに多くの人に支持されるのでしょうか。それはアドラーの提唱していたことがまさに今という時代を生きる人に「生きる力」を与えてくれるからではないでしょうか。アドラーは原因論ではなく、目的論をとることで、人の生き方は遺伝や過去の出来事によって縛られるのではなく、自らが選択した目的に向かって自ら切り開いていくものと考えています。

そして人生の課題は「仕事」「交友」「愛」の3つであり、すべては対人関係上の課題であり、これらの課題に勇気を持って取り組むことで人は成長できるとも考えています。人は社会的生き物であり、人と人が協力し、お互いに足りないものを補い合うことで人は自分の限界を超えていくことも可能になります。

その意味ではアドラーほど人間の可能性を信じた人はいません。

「人は努力と訓練によって何者にでもなることができる」というのがアドラーの考え方です。今の時代、「貧困の連鎖」という言い方があるように、貧しさゆえにいくつもの可能性を諦《あきら》めざるをえない人たちがいることは事実です。思わず運命を呪いたくなる人もいるでしょう。「もしお金持ちの家に生まれていれば」と「もし○○ならば」を口にしたくなることもあることでしょう。しかし、だからこそアドラーの楽観主義を本気で信じることが必要なのではないでしょうか。

アドラーの言葉は楽観主義であり、理想主義的なものが多いのも事実です。そのため「それは無理だろう」と感じる人もいるでしょうが、忘れてはならないのは、アドラーの言葉は机上の空論ではなく、自らの体験を通して生まれたものであるという点です。アドラーは幼い頃の体験を通して、「医師になる」という目標を定め、そこに向かって懸命に努力をしています。

苦手とされた数学も懸命に勉強することで最もできる生徒の一人になっています。くる病の克服を支えてくれたのは両親をはじめとする周りの人々です。大学の医学教育への不満はあったものの、友人たちとの温かい語らいを通じて「医師になる」という目標を貫徹しています。さらに医師となってから、サーカス団で働く人たちが劣等感を訓練によって克服したことを知るなど、開業医としての経験を通して「個人心理学」を構築しています。

これら実体験に基づく理論だからこそ、アドラー心理学に人は心惹かれるのです。今、アドラー心理学は一種のブームになっていますが、アドラー心理学に触れることでたくさんの人が「自らの可能性」を信じ、「なりたい自分」に向かって努力をするなら、これほど素晴らしいことはありません。

生きづらい時代であり、勇気をくじかれそうになることも少なくありませんが、それでもアドラーの言うように勇気と訓練によって人生の課題に敢然《かんぜん》と対処し、限界を取り除く努力は続けなければなりません。大切なのは自分の可能性を信じることであり、自分の周りにたくさんの仲間がいると信じることです。そう信じるだけで人生はもっと豊かに、そしてきっと生きるに値するものに変わるはずです。

本書のアドラーの言葉がみなさまの運命を変える力となれば幸いです。

本書の執筆と出版にはリベラル社の伊藤光恵氏、山田吉之氏、仲野進氏にご尽力いただきました。心より感謝いたします。

桑原　晃弥

第一章　人生は「自分」がどう行動するか

第二章 「ライフスタイル」は選びとるもの

第三章 人生で取り組むべき「三つの課題」

第四章 劣等感・虚栄心とどう向き合うか

第五章 「何でもできる」と信じて努力しよう

第六章 「失敗」は怖くない

第七章 人は「勇気」を持ってこそ成長できる

第八章 他者を「仲間」と見れば、生き方が変わる

WORDS OF
ALFRED ADLER

第一章

人生は「自分」が
どう行動するか

WORDS OF ALFRED ADLER

01

大切なのは「自分」がどう動くか

あなたが始めるべきだ。
他の人が協力的であるかどうかなど
考えることなく。

▼『人生を生き抜く心理学』

アフガニスタンの復興に尽力した故中村哲さんは「理想は守るものじゃない。実行すべきもの」と語っています。

私たちは理想を語ったり、誰かの行動を批評することがありますが、そこに「行動する」が抜け落ちてしまうと、何もしないただの評論家となってしまいます。

アドラーがこんな例をあげています。ある老人が雑踏で足を滑らせて倒れ、立ち上がれませんでした。誰一人老人を助け起こそうとはしない中で、ようやくある人が助け起こしました。その瞬間、どこからか一人の人が現れ、「とうとう立派な人が現れました。私はそこに立ち、誰かが助けるのを待っていたのです。あなたが最初の人です」と称賛しました。

一見、立派な人に見えても、この人の行為は間違っています。目の前に援助を必要とする人がいる時、大切なのは自分が動くかどうかであり、他の人がどう動くかは関係ありません。アドラーは言います。

「誰かが始めなければならない。他の人が協力的でないとしても、それはあなたに関係ない。あなたが始めるべきだ。他の人が協力的であるかどうかなど考えることなく」。

人生で大切なのは「他人」ではなく「自分」がどう行動するかなのです。

WORDS OF ALFRED ADLER 02

目標に向かって人は進む

一本の線を引く時、
目標を目にしていなければ、
最後まで線を引くことはできない。

▼『性格はいかに選択されるのか』

人間は行為に先立って、何かをしようという「目標」があり、その目標を実現するために考え、行動するというのがアドラーの考え方です。たとえば、夜一人で寝る子どもが泣くのは、母親の注目を引くという目的のためですし、目標が何か分かれば、なぜそのような行動をとるのかを理解することもできます。

アドラーが人生の目標を定めたのは5歳の時です。冬の日、友だちとアイススケートに出かけたアドラーは肺炎に罹《かか》ってしまいました。医師が「この子は助かりません」と宣告するほどの重症でしたが、幸いにも両親の看病のお陰で肺炎から回復したアドラーは、この時「私は医師にならなければならない」と決心しています。

途中、挫折しかけたこともありますが、「目標に到達しよう」という意欲を失うことはありませんでした。目標があったからこそ前に進むことができたアドラーは、こう考えました。

「一本の線を引く時、目標を目にしていなければ、最後まで線を引くことはできない」。

目標があるからこそ、人は前に進むことができます。もし目標がなければ、どちらに進み、どのように努力すべきかも、考えることができなくなるのです。

WORDS OF ALFRED ADLER 03

予測できないから人生は面白い

人生のチャレンジが無尽蔵であることは、われわれにとって幸運である。

▼『勇気はいかに回復されるのか』

人が明日を不安に思うのは、予測がつかないからであり、同時に明日を待ちこがれるのは、「明日は何があるのかな」と楽しみな気持ちからです。

アドラーは明日、そして未来が予測できない不確実なものだからこそ、人は人生に関心を持ち、科学や芸術も意味を持つと考えていました。もし、あらゆることが前もって計算され、明日が予測できるとしたら、宇宙は「二度話された物語」にすぎなくなり、「人生はきっとつまらないものになってしまう」というのが、アドラーの考え方です。アドラーは言います。

「人生のチャレンジが無尽蔵であることは、われわれにとって幸運である。人間の追求・努力は決して終わることはなく、常に新しい問題を見出すか、あるいは創り出すことができ、協力と貢献のための新しい機会を創り出すことができる」。

予見できない未来があるからこそ、人は課題を解決するために協力し、そして科学などを発展させることができます。

同様に対人関係も、その先に何が起こるか分からないからこそ努力をしますが、すべてが決まっていれば努力の必要などありません。

確実なものはなく、絶えず変化するからこそ、人生は生きるに値するのです。

WORDS OF ALFRED ADLER 04

人生に有用な目標を持とう

目標は
社会に奉仕することを通じて
実現される。

▼『個人心理学講義』

アドラーによれば、人がどう生きるかは、遺伝や環境によって決められているわけではなく、一人ひとりが自分の意志で目標を定め、その目標に向かって最初の一歩を踏み出すことで決まります。

子どもがそうです。なぜなら「子どもは自分で選んだ目標によって定められた方向の線に沿って発達しようと努力する」からだというのがアドラーの考え方です。

しかし、その際に共同体感覚※が欠けていると、せっかくの目標が人生の有用ではない面に向かうことがあるだけに注意が肝要《かんよう》です。

アドラーは医師になりたかった理由について、「私は死と戦いたかったし、死を殺し、死をコントロールさえしたかった」と述べた後、こう付け加えています。

「医師になるという目標も、生と死の主人になりたいという、神のような欲求をめぐって形づくられるものである。しかし、目標は社会に奉仕することを通じて実現される」。

目標には、人生に有用なものとそうでないものがあります。人生に有用な目標を思い描くためには、共同体感覚、社会への奉仕という感覚が、重要になるのです。

※共同体感覚…他者を仲間とみなし、そこに自分の居場所がある、と感じられること。

WORDS OF ALFRED ADLER 05

待つな、期待するな、動き出せ

この世界は私の世界だ。
待ったり、期待したりしないで、
私が行動しつくり出さないといけない。

▼『勇気はいかに回復されるのか』『人生の意味の心理学』

スウェーデンの若き環境活動家、グレタ・トゥーンベリさんの、時に激しすぎるほどの演説が人々の心を動かすのは、ほとんどの人が他人事と捉えている環境問題を「わがこと」として訴え続けているからです。

ほとんどの人にとって、世界は変えられないものであり、政治家や企業任せなのに対し、彼女の「私たちが変えなければ」という訴えが、特に世界の若い人たちを行動へと駆り立てているのです。

それはまさに、アドラーの「この世界は私の世界だ。待ったり、期待したりしないで、私が行動しつくり出さないといけない」を体現しているかのようです。

アドラーは、この世界を「完璧な世界」と考えていたわけではありません。

この世界には悪も困難も偏見もありますが、その欠点も利点も含めてわれわれのものであり、だからこそわれわれはこの世界で働き、課題に立ち向かい、自らの役割を果たすべきだと考えていました。

大切なのは「私が行動する」ことです。誰かがもっと良い世の中をつくるとか、時を待つのではなく、自分自身が動くことこそが世界を変えることであり、より良い社会をつくり上げていくことなのです。

WORDS OF ALFRED ADLER 06

語るのではなく、行動する人になれ

良い意図を持っているだけでは十分ではない。

▼『勇気はいかに回復されるのか』『個人心理学講義』

鹿児島県に薩摩藩時代から受け継がれている『いろは御歌』があります。島津家中興の祖と言われる島津忠良《ただよし》の作で、人間として社会に生きる道を48首の和歌で説いたものですが、その中に「いにしへの　道を聞きても　唱へても　わが行ひにせずば　甲斐なし」という歌があります。大意は、学問をしていくら知識を増やしても、また、口で立派なことが言えるようになっても、自分の日常の行動にそれが活かされなかったら意味はないというものです。

世の中には、口では立派なことを言うのにそれが実行という形で現れない人が少なくありません。アドラーによると、「私は人生の問題をすべて解決したいが、不幸なことにそうすることを妨げられている」と言い訳をする人は、人生の課題に対処する必要性を理解している一方で、「良い意図さえあれば、実際に問題を解決しなくてもいいと感じている」ところがあります。

たしかに「良い意図」を持つことは立派なことですが、意図は行動と結び付いてこそ意味を持ちます。人は、単に考えるだけ、意図するだけでなく、行動することによってその意図を実現することが、何より大切なのです。

WORDS OF ALFRED ADLER 07

迷うな、今決めろ、今実行しろ

迷いがある人は、
だいたいいつまでも迷っていて、
ずっと何も達成しないままだ。

▼『生きるために大切なこと』

何をするか、何を買うかといった時にあれこれ迷うのは人の常ですが、中にはいつまでも決めることができずに迷い続ける人もいます。

たしかに、人生の岐路に立ち、どの学校へ進むか、どの会社を選ぶかなど、簡単には決められない問題があるのは事実です。

あるいは、決めることを先延ばししたり、誰かに決めてもらおうとしたり、中には占いに頼ろうとする人さえいます。

こんな時、「なんで私はこんなに決められないんだろう」と自分の性格を恨むこともありますが、アドラーによると、

迷うことや悩むことには目的があります。理由は「決めない」ためです。

迷うことをやめたら決めなければなりませんし、決めた以上はやるしかなくなります。だからこそ迷い悩むというのです。アドラーは言います。

「迷いがある人は、だいたいいつまでも迷っていて、ずっと何も達成しないままだ」。

迷い続ける自分と決別したいのなら「今決める」ことです。決めたなら「すぐに実行する」ことです。

WORDS OF ALFRED ADLER 08

人生は自ら選びとるもの

問われているのは
あなたが選択したことを
どのように行うかということだけ。

▼『アドラーの生涯』

人生は選択の連続であり、今の自分は過去の選択の結果です。そして目指すべき目標を決めるのは自分自身であり、そこには遺伝も運命も関係はありません。

第一次世界大戦が起こった際、アドラーは軍医として召集され、「私は囚人のような思いを味わった」と振り返るほどの過酷な任務を経験しています。

そんなアドラーに一つの喜びが訪れました。息子がウィーン大学を卒業したのです。当然、そばにいて祝うことはできませんでしたが、息子宛てにアドラーらしい手紙を送っています。その中でアドラーは、目の前には辿《たど》るに値するたくさんの道があり、これからは人生を自分のやり方で築いていかなければならないということを伝えたうえで、こんな言葉を贈っています。

「何を選択するかという問いすらありません。あるのはあなたが選択したことをどのように行うかということであり、あなたが到達することを決めたレベルがあるだけです」。

どう生きるかは、自ら目標を掲げ、自ら選択するほかはありません。目指すレベルも自ら選び取るだけです。人生は自分の選択一つでどのようにも変わっていくものなのです。

WORDS OF ALFRED ADLER

09

人生とは課題に対峙《たいじ》すること

人生において重要なのは
自分の問題を前に進め、
他の人に貢献することである。

▼『性格の心理学』

アドラーによると、虚栄心の強い人は「絶え間なく自分にとって有利かどうかということばかり考える」といいます。そして自分の何らかの失敗の罪を、他の人に肩代わりさせせることを試みます。

人が生きていくためには、いくつもの課題に対処する必要がありますが、課題の中にはたやすく達成できるものもあれば、困難を伴うものもあります。そんな時、虚栄心の強い人は困難を誰かのせいにする傾向があります。

たとえば「もっとちゃんとした教育を受けていれば」「あの時あんな悪いことが起きなければ」といった具合です。

そこでは自分は常に正しく、正しくないのは他人であり、他人のせいで自分の困難があるという言い方になります。

すべては自分の「正しさ」を正当化するための嘆きと言い訳ですが、こうした人たちにアドラーは警告します。

「人生においては正しいということは重要ではない。むしろ、自分の問題を前に進め、他の人の問題を促進することに貢献することが重要なのである」。

人生で必要なのは、自分の課題にしっかりと対処することであり、他の人の課題の解決に貢献することなのです。

WORDS OF ALFRED ADLER

10

目標は有用でなければならない

成功と幸福は
主として目標の問題である。

▼『アドラーの生涯』

「お金が目当てで会社を始めて、成功させた人は見たことがない」は、アップルの創業者スティーブ・ジョブズの言葉です。

会社を起業する理由はさまざまですが、ジョブズは「金儲けがしたい」という理由で起業の相談にくる若者には、いつも「やめた方がいい」とアドバイスしていました。起業には「動機」が大切だというのがジョブズの考えでした。

アドラーによると、人は将来に対する具体的な目標を定めることで最初の一歩を踏み出しますが、そこに共同体感覚が欠けていると、その人は「人生の有用でない面」に向かい、共同体感覚が備わっていると、「有用な面」へと向かうことになります。アドラーはこう言っています。

「成功と幸福は主として目標の問題である。もしも子どもが社会的に有用な目標を持っていれば、満足し幸福になるだろう。子どもの目標が社会に対して有害なものであれば、恐らく災難に遭うだろう。教師と親は、子どもの目標が適切なものであるよう注意するべきである」。

京セラ創業者の稲盛和夫さんは、何かを決断する時、「これは善なるかな」と問いかけるといいますが、アドラーにとっても「目標は善である」は、成功と幸福の大前提だったのです。

WORDS OF ALFRED ADLER

第二章

「ライフスタイル」は選びとるもの

WORDS OF ALFRED ADLER

11

「ライフスタイル」は選びとるもの

人はライフスタイルを持っているので、質問に答えてもらうだけで、その人の未来を予言することが可能になる。

▼『アドラーの生涯』

アドラーは、「性格」は遺伝や環境などによって決められたものではなく、自分で選んだものだと考えています。性格についてはしばしば「持って生まれた性格は変えられない」と言われますが、アドラーは性格や気質は生まれつきのものでも変えにくいものでもないということを強調するために「ライフスタイル※」と呼んでいます。

ライフスタイルは、人が生まれてからさまざまな課題に対処していく過程で成功したり失敗したりという経験を重ねる中で身に付けていくもので、現代のアドラー心理学では10歳前後で決定されると考えられています。そして、ライフスタイルを知れば、その人が将来どのような行動をとるかを予言できるというのがアドラーの考え方で、「人はライフスタイルを持っているので、時にはただその人と話をして質問に答えてもらうだけで、その人の未来を予言することが可能になる」と言い切っています。

大切なのは「どこから来たか」ではなく、「どこへ向かおうとしているのか」です。未来はあらかじめ定まったものではなく、自分が選び取ったライフスタイルで決まります。未来を変えたいのなら、自らのライフスタイルをしっかりと意識して、「今から変えて」いけばいいのです。

※ライフスタイル…人生における思考や行動の傾向、世界や自分への意味付け、人生のあり方のこと。

WORDS OF ALFRED ADLER

12

家系を言い訳にせず、自ら成り上がれ

五代遡《さかのぼ》れば64人の先祖がいる。先祖の中に賢い人を必ず見つけることができる。

▼『子どもの教育』

「頭の良い家系」と「頭の悪い家系」があるという見方があります。たしかに三代続けてとか、兄弟みんな一流大学とかいった家族を見ると、「それに比べてうちは」と言いたくなりますが、アドラーははっきりと「ノー」を突き付けます。

アドラーによると、五代遡れば64人の先祖がいて、十代遡ると先祖は2048人になります。これほどの人数がいれば、その中に一人くらいは非常に有能な人を見つけることができるものです。

そして一人の非常に有能な人がいれば、受け継がれる「伝統」によって、遺伝と似た効果を発揮することもあります。

「ある家族は他の家族より、なぜより多くの有能な人を輩出するのか」の答えは、「遺伝ではなく、明白で単純な事実である」というのがアドラーの見方です。

とはいえ、家系を遡ってあれこれ言い募ったところで「今の自分」が変わるわけではありません。歌手の矢沢永吉さんではありませんが、「うちは裕福だからとうそぶいている人だって、そのご先祖の誰かが成り上がったんだ」と考えて、自力で成り上がって「一人の非常に有能な人」を目指す方がはるかに建設的なのです。

WORDS OF ALFRED ADLER

13

「ライフスタイル」は変えられる

子どもの頃の人生戦略の誤りに気付けば、それを変えることで成長できる。

▼『アドラーの生涯』

アドラー心理学によると、人のライフスタイルは通常10歳頃に選びとられ、あとの人生ではそのライフスタイルに沿った生き方をすることになります。ところが、中にはどの年齢かはともかく、自らのライフスタイルがうまく機能しなくなったり、意図とは逆の結果を招くようになったりすることもあります。アドラーが、ある成功した科学者の例を挙げています。

その科学者は20代で成功を収めたものの、やがて孤独で気持ちが沈んでいくのに気付きました。科学者は孤独な知的作業を通じて複雑なプロジェクトに不眠不休で取り組むことで成功を手にしましたが、友人や恋人をつくることができず、ある時から憂鬱《ゆううつ》な気分になっていました。そのため、より充実した人生のためには大きな転換が必要でした。

生き方を変えるのは簡単なことではありません。しかし、「われわれは必要な時に子どもの頃の人生戦略の誤りに気付き、それを変えることで成長できる」と、アドラーは考えます。

ライフスタイルは遺伝によって決まったわけではなく、ある時期に自分が決めたものです。もし「このままではダメだ」と気付いたなら、今、変えればいいのです。

WORDS OF ALFRED ADLER

14

同じ経験≠同じ未来

いかなる経験も、
それ自体では成功の原因でも
失敗の原因でもない。

▼『人生を生き抜く心理学』

同じものを見ても、人によってその捉え方は異なるように、同じ経験をしても、その捉え方は人によって違うし、その時の状況によっても大きく異なってきます。

たとえば、子ども時代の不幸な経験に対し、「忍耐することを学んだ。がんばることの大切さを教えてくれた」と前向きに捉える人もいれば、「人生は不公平だ。だから何もかもうまくいかないんだ」と言い訳に使う人もいます。極端な場合、「社会に対して復讐してやる」と、自暴自棄になる人もいるかもしれません。

このように、自分が経験したことをどう解釈するかはさまざまですが、大切なのはアドラーが言うように「いかなる経験も、それ自体では成功の原因でも失敗の原因でもない」と考えることです。

アドラーによると、人の未来は自分の経験によって決定されるのではなく、経験の中から自分の目的に適《かな》うものを見つけ出すところにあります。子ども時代の不幸を、ある人は「努力」に結び付けるのに対し、別の人は「怠ける」口実に使うのです。

過去の経験を変えることはできませんが、その先にはただ一つの未来しかないわけではありません。未来は自らの目的の選択一つで変えることができるのです。

WORDS OF ALFRED ADLER

15

逃げるな、今を本気で生きろ

「もしも～であったら」は、人生の嘘であり虚構である。

▼『個人心理学講義』

『俺はまだ本気出してないだけ』という、映画にもなった漫画（青野春秋《しゅんじゅう》作）がありました。いい年をしたおっさんがいきなり会社を辞めて漫画家を目指すと宣言するコメディです。

何の根拠があるのか、「俺が本気を出せば何だってできるんだ」と、口にする人はたしかにいます。

アドラーは、怠惰で何の努力もせず、どんなことにも関心を持っていないにもかかわらず、「優れていたい」という欲求を持つ子どもが、たとえば「もしもこんなに怠惰でなければ大統領にだってなれるのに」と考える例を挙げて、「もしも～であったら」の弊害を戒めています。

「彼（彼女）らは自分について高い評価を持っており、人生の有用な面で多くのことを成し遂げることができると考えている。ただし『もしも～であったら』という条件付きであるが。これは無論、人生の嘘であり虚構である」。

「もしも」と言う人は、本気を出したらこんなものじゃないんだぞ、と言いたいのでしょうが、そう言う人が本気で何かに取り組むことは決してありません。大切なのは「もしも～であったら」という虚構の姿ではなく、今この瞬間を本気で生きる姿なのです。

WORDS OF ALFRED ADLER

16

「どうすればできるか」を考えよ

勇気付けて、
ためらいの態度をとらないように
訓練することだ。

▼『人生を生き抜く心理学』『個人心理学講義』

人生の課題を前にして、「できない」理由をやたら探す人がいます。

自分の営業成績が思うように伸びない時、「でも、この景気では売れっこないよ」「だって、うちの業界はみんな厳しいから」などと、「でも」「だって」を並べ立てて言い訳ばかりをする人がいますが、いくら上手に言い訳をしても、それで課題が解決するわけではないし、目標も遠ざかるばかりです。

アドラーは、「『はい、でも』と言って、結局、課題に取り組まない」人に対する適切な対処は、「ためらいの態度をとらないように訓練することだ」と言っています。

ためらう人には勇気付けることが大切で、勇気をくじいてはいけません。「あなたには人生の課題を解決する能力がありますよ」と理解させ、その背中を押すことです。

ビジネスでも人生でも、課題を前にしたら、言い訳としての「でも」「だって」「どうせ」という「3つのD」を言わないようにします。その代わりに「できる」「やってみせる」と考え、実際に口にしてみればいいのです。「できる」と言った以上、次に考えるのは「どうすればできるか」だけなのですから。

WORDS OF ALFRED ADLER

17

努力の末の失敗は糧になる

怠惰であることには
能力のなさを隠す意図がある。

▼『性格はいかに選択されるのか』

仕事や勉強で成果を上げるためには努力が必要ですが、常に良い結果が保証されるわけではありません。そのせいでしょうか、中には努力を怠る人や十分な準備をしようとしない人がいます。理由をアドラーがこう分析しています。

「怠惰であることには隠された無意識の駆け引きがあることが分かる。怠惰な人たちは綱渡りをする人に似ている。ロープの下には網が張ってあるので、落ちたとしても衝撃は柔らかである。怠惰な人たちに向けられる批判は、他の人たちに対するほど厳しいものではなく、屈辱を感じることも少ない」。

懸命に努力をしたにもかかわらず期待通りの成果があがらない時、人は自分の能力のなさに向き合うことになりますが、怠惰な人の場合は「もっと一生懸命にやれば、もっといい成績が取れたはずだ」と逃げ道をつくることができます。

「能力がないと言われるよりも、怠惰であると言われる方がまし」というのが、怠惰な人たちの安全網となるのです。

努力を怠ることとは、最初から失敗の言い訳を用意しているのと同じことです。たとえうまくいかなくても、それは「あとどれだけがんばれば成功できるか」を教えてくれる価値ある失敗なのです。

WORDS OF ALFRED ADLER 18

占いに頼るな、心を見極めろ

決心を後押しするために
人は夢をつくり出す。

▼『個人心理学講義』

「夢占い」を信じる人はたくさんいますが、アドラーはそれを「迷信」と言い切っています。

ギリシアの詩人シモニデスはある時、船まで用意され他国に招かれましたが、ずっと出発を延期していました。やがて夢に死者が現れて「行かないように」と忠告しました。翌朝、シモニデスは目を覚まして「行かない」と明言しました。

アドラーによると、シモニデスは「夢を見たから行かない」と決めたわけではなく、最初から「行かない」と決めており、その理由付けとして「夢を見た」と言ったただけなのです。「行かない」という目的が先にあり、それを自分に納得させるために夢をつくり上げたのです。アドラーは「既に到達していた結論を支持するために、ある種の感情を、あるいは情動をつくり出したに過ぎない」と言い切りました。

一方、アドラーはアメリカに初渡航する前、船が転覆する不吉な夢を見ましたが、夢の中のアドラーは、何と泳いで陸地に辿り着いたのです。それほどにアドラーにとってアメリカは何が何でも行かなければならない場所だったのです。

占いは、私たちにとって「決心を変える」ものではなく、都合よく「決心の後押し」をしてくれるものなのです。

WORDS OF ALFRED ADLER 19

運命論は課題からの逃避である

運命論は偽りの支えである。

▼『個人心理学講義』『性格はいかに選択されるのか』

「自分は運が悪い」と口癖のように言う人がいます。自分は不幸な星の下に生まれ、いいことなんか何もないと思い込む運命論者です。アドラーによると、こうした人は不幸な出来事を思いもよらないことではなく、思っていた通りのことだと受け止め、自分がまるで悲劇の主人公であるかのように周りの人に吹聴《ふいちょう》します。そして「不運のせいで人生がうまくいかない」と思うことで、目の前の厄介《やっかい》な課題に取り組むことを避けようとします。

一方、自分を「運がいい」と思い込んでいる運命論者も、万事うまくいっている時はいいのですが、何かで躓《つまず》くと挫折してしまいます。自分にはどうすることもできない出来事によって人生が決まると考えている運命論者について、アドラーは「運命論は多くの点で、有用な活動をしようと努め、そうした活動を築き上げるという課題からの臆病《おくびょう》な逃避である。運命論は偽りの支えであることが分かる」と指摘しています。

人生があらかじめ決まっているとすれば、そこに課題との格闘や努力の入り込む余地はありません。人は課題との真摯《しんし》な取り組みによって不運を幸運へと変えていくこともできるし、その後の人生を実り多いものにしていくこともできるのです。

WORDS OF ALFRED ADLER 20

夢を見るより、できることを全力で

夢を見て熟考している間に、時は過ぎ去る。

▼『性格の心理学』

強い虚栄心を持つ人は、何とかして自分が優れているという「酩酊《めいてい》」の中にあり続けようと、「実現不可能な時間への要求」などの条件を持ち出すといいます。

たとえば、「以前に学んでいたら」とか「知っていれば」といった決して実現されない要求です。他にも、「私が男なら」「私が女なら」という実現不可能な要求を持ち出すこともありますが、いずれも「偽りの口実」に過ぎません。

アドラーが『イソップ寓話《ぐうわ》集』に出てくる、ある話を紹介しています。

国ではぱっとしない陸上競技の選手が海外遠征から帰り、「ロドス島ではオリンピア競技者よりもすごいジャンプをした」と大言壮語《たいげんそうご》しました。「嘘だと思うならロドス島の人に聞いてみろ」と付け加えたところ、こう反論されました。

「それが本当なら、証人はいらない。ここがロドスだと思って、さあ跳んでみろ」。

アドラーは言います。「夢を見て熟考している間に、時は過ぎ去るのである。しかし、時が過ぎてしまうと、せいぜい『自分ができたことを示す良い機会はもはやない』という言い訳しか残っていない」。

意味のない言い訳をするよりも、今できることを全力でやってみることです。

WORDS OF ALFRED ADLER 21

タイプで語るな、個人を見ろ

タイプ分けは利用できる。しかし、似たタイプの場合でさえ人は違うということを忘れてはならない。

▼『生きる意味を求めて』

「中国人ってこうだよね」「韓国人ってこうなんだ」とわけ知り顔で語る人に限って、中国や韓国に行ったことがなかったり、個々人を知らなかったりするのはよくあることです。国民性や県民性もそうですが、人をタイプ分けするというのは「分かったような」気にしてくれますが、そのことと一人ひとりを理解することの間には大きな違いがあるようです。

人の性格を何種類かに分けるタイプ分けはよく行われており、アドラーもタイプ分けを行ってはいましたが、絶対のものと考えることはありませんでした。

「タイプ分けは利用できる。それどころか利用しなければならない。しかし、似たタイプの場合でさえ、他ならぬこの人は違うということを忘れてはならない」。

「同じ家族の中に生まれた子どもであっても、二人の子どもが同じ状況に育つということはない」以上、生まれも育ちも、ものの見方や考え方も違う人たちが、いくつかのタイプにぴったり当てはまるとは考えられません。にもかかわらず、タイプを知ることですべてを「分かった」気になると大きな間違いを犯します。人を理解するための大前提はタイプでくくるのではなく、一人ひとりの違いを知り、人間として尊重することなのです。

WORDS OF ALFRED ADLER

第三章

人生で取り組むべき「三つの課題」

WORDS OF ALFRED ADLER

22

仕事・交友・愛の課題がある

すべての悩みは、対人関係の課題である。

▼『勇気はいかに回復されるのか』『人生の意味の心理学』

仕事における対人関係の難しさに悩んでいる人は多いのではないでしょうか。

アドラーによると、人生には取り組まなければならない課題が三つあります。

一つは「仕事の課題」です。社会の一員として生きるための仕事をいかに見つけるかです。二つ目は「交友の課題」です。仲間の中でいかに自分の居場所を見つけるかです。三つ目は「愛の課題」です。男女の付き合いや結婚などの課題です。

つまり、アドラーが「結局のところ、われわれには対人関係以外の問題はないように見える」と指摘するように、人生の課題はすべて「人と人の結び付き」に関するものなのです。

アドラーは人と人の結び付きを「共同体感覚」と呼んでいますが、そこでは、他の人を「敵」ではなく「仲間」とみなすことが必要であり、そうであってこそ人と人は協力することができるのです。

とはいえ、対人関係はいつも理想通りにいくとは限りません。仲間と思っていた相手から裏切られることもあれば、愛し合って結婚した二人の関係がすれ違うこともあります。このように対人関係は困難なものであり、人生において人とどう関わり、人とどう付き合うかは、最も大きく難しい課題なのです。

WORDS OF ALFRED ADLER

23

責任追及より原因追求を

怒りの感情は
人と人を引き離す感情である。

▼『勇気はいかに回復されるのか』

誰かが失敗をした時、怒りに任せて叱りつける人がいます。たいていは上の立場の人で、上司や教師、親ですが、こうした行為は「怒りの感情は人と人を引き離す感情である」とアドラーが指摘するように、怒りが建設的な何かをもたらすことはなく、むしろ人と人の距離を遠ざけるだけなのです。

怒られることが好きな人は誰もいません。いつも機嫌の悪い、すぐに怒る上司のところには部下は寄り付かなくなり、結局は上司の顔色をうかがい、部下に都合の悪い情報は入らなくなってしまいます。

もし部下や子どもに対して適切な援助をしたいのなら、両者の関係を遠ざけるのではなく、近づけることが必要になります。

部下や子どもが間違いをした時、自分が間違ったことをしたということは分かっても、「じゃあ、どうすれば」は分かっていないことが多いのです。

そんな時には叱るのではなく、「間違いをしたら次はどうすればいいのか」を教えることが何より大切なのです。

日本のものづくりの現場に伝わる「失敗したら責任追及よりも原因追求を」は、とても大切な考え方なのです。

WORDS OF ALFRED ADLER 24

人はみな対等であり仲間である

一緒に仲良く暮らしたいのであれば、互いを対等の人格として扱わなければならない。

▼『人生を生き抜く心理学』

「人は対等である」というのがアドラーの基本的な考え方です。親と子の関係でも、教師と生徒でも、社会における上司と部下などの関係も「対等」でなければなりません。

もちろん、職分の差や役職による上下関係はあって当然ですが、そこに「人は対等である」という考え方があれば、体罰を加えるとか、怒るとか、暴力を振るう、いじめるなどの行為はできないはずです。

実際、怒ったり、叱ったり、いじめたり、パワーハラスメントをすることで良好な関係を築くことは不可能です。かえって関係を悪化させ、相手の恨みを買ったり、相手を精神的に追い詰めるだけなのです。

自らの子育てにおいて一度も体罰を加えたことがないというアドラーは、こう言い切っています。

「一緒に仲良く暮らしたいのであれば、互いを対等の人格として扱わなければならない」。

教師も、子どもたちを対等の人間と見て、尊重し、信頼して接すれば、力に訴えなくとも十分に教え導くことができます。部下指導においても、最近は「人間としての部下に関心を持て」と教えられます。人間は対等であり、仲間であるというのがアドラーの教えです。

WORDS OF ALFRED ADLER 25

「共同体感覚」こそ課題解決の鍵

「三つの課題」を達成する人は、誰でも首尾よく人生を切り抜けられる。

▼『恋愛はいかに成就されるのか』

アドラーによると、すべての人は、仕事、交友、愛という「三つの課題」に直面しており、これらの課題は「いつもわれわれに立ち向かい、挑戦し、逃れることを許さない」大切な課題と考えていました。

これらを正しく解決するためには、「共同体感覚」が不可欠となります。そのためにも、人は「社会の協力的な成員であるべく訓練を受けなければならない」とアドラーは指摘しています。

なぜ、共同体感覚が必要なのでしょうか。たとえば、いつでも人の上に立ちたいとか、いつも自分が一番でありたいという気持ちが強すぎると、誰かの下で人と協力する仕事に就いてもうまくいきませんし、会社の利益や顧客の利益を考えることができず、仲間からも信用されなくなってしまいます。

アドラーは言います。「他者の幸福に貢献する仕事に就かなければならない。他の人と親友にならなければならない。愛における真の対等なパートナーにならなければならない」と。そして「これらの三つの課題を達成する人は、誰でも圧倒的な困難に直面することには決してならないだろう」と断言しています。

人は社会の中で暮らし、社会に貢献することで初めて成長を実感できるのです。

WORDS OF ALFRED ADLER

26

人格攻撃は信頼関係を破壊する

賞罰は、成功した、あるいは失敗した行為に対してなされなければならず、人格に対してなされてはならない。

▼『生きる意味を求めて』

会社などでよくある間違いの一つが、会議での議論の際に、中身についてではなく、「お前なんかに言われたくないね」といった人格攻撃をすることです。

ミスをした社員の失敗の中身や原因を問題にするのではなく、「だから、お前はダメなんだ」「どうせお前にはできないと思っていたよ」と、人格を否定するような発言をする人もいます。

人格攻撃から建設的な意見が生まれるはずもありませんし、人格攻撃をされた側は仕事に対する自信を失うことになります。大人でさえそうなのですから、まして親や教師から人格を否定するような発言をされた子どもはどれほど傷つくことでしょうか。

アドラーは「賞罰は、成功した、あるいは失敗した行為に対してなされなければならず、人格に対してなされてはならない」とはっきり言い切っています。

成功を讃《たた》え、失敗を注意するのは当然のことですが、相手が大人であれ子どもであれ、そこに「人格」をからめるのは絶対にやってはならないことなのです。

人格攻撃は大切な人と人との信頼関係を壊し、自信を喪失させ、恨みだけを募らせる、まったく益のないものなのです。

WORDS OF ALFRED ADLER

27

自分とは違う見方があると知ろう

他の人の目で見て、
他の人の耳で聞き、
他の人の心で感じる。

▼『人生を生き抜く心理学』『個人心理学講義』

アドラーの言う「共同体感覚」においては、自分以外の他者の存在を認め、他者に関心を持ち共感できることが重要になってきます。一方、自分のことしか考えられない人は、自分が世界の中心であるかのように誤解して、他者は自分のために生きていると考えるようになります。アドラーは、こうした「自分への執着」の強い人には「他者への関心」を持つように援助することが重要だと考えていました。

たとえば、医師になりたいと考えている子どもに、こうアドバイスしています。

「良い医師になるためには、君自身以外の他の人にも関心を持たなければならない。病気になった他の人が何を必要としているかを理解するために、良い友人になり、自分自身のことはあまり考えないようにしなければならない」。

とはいえ、他者に関心を持つのは難しいものです。人はどうしても自分の見方や考え方からしか他者を見ることはできません。それでも自分の見方や考え方が「唯一絶対なものではない」ことを知り、「この人ならこの場合どうするだろう」と考えることで、他者の理解に近づくことはできます。それがアドラーの言う「他の人の目で見て、他の人の耳で聞き、他の人の心で感じる」ということなのです。

WORDS OF ALFRED ADLER 28

人は協力することで成長できる

正しく組織された社会では、
人は能力の不足を
補い合うことができる。

▼『個人心理学講義』

人は決して完璧ではありませんし、社会におけるすべての人の能力や可能性が同じであると期待することもできません。人はみなそれぞれに、強さの一方に不完全さや弱さを持っています。

そのため、人は一人では困難に立ち向かうことができないからこそ、孤立した個人としてではなく、社会の中で生きるように仕向けられているというのがアドラーの考え方です。

「孤立した状態で生きているのであれば能力が劣っていることになるかもしれない人も、正しく組織された社会では、その不足を補い合うことができる」。

アドラーによると、力のあるライオンやトラは一頭でも生きることができますが、力のない動物は集団となって戦うことで初めて身を守ることができます。

同様に人間も、一人で生きることができないからこそ社会生活を営み、社会生活は人の無能感や劣等感を克服する大きな助けとなるのです。

人にはそれぞれ得手不得手があり、だからこそ良きパートナーや友人を求めます。互いに補い合える相手を見つけた時、大きな成長や成功がもたらされることになるのです。

WORDS OF ALFRED ADLER 29

時に「嫌われる勇気」を持て

良い友人であっても、
その人を怒らせることを恐れない。

▼『勇気はいかに回復されるのか』

ラグビー日本代表の「ワンチーム」が2019年の新語・流行語大賞に選ばれたせいか、やたらと「チームワーク」を強調する人がいます。

たしかに大切なことですが、ラグビーにおけるチームワークは単なる「仲良しクラブ」とは違い、本気で競い合い、主張し合った結果として育まれるということを忘れてはなりません。

それは、普段の人間関係にも言えることで、アドラーは「良い友人」についてこう言っています。

「この人は良い友人であるが、他の人を怒らせることを恐れない。しかし、いつも他の人の幸福に関心がある」。

他の人を怒らせるというのは、決していいことではありませんが、かといって「こんなことを言ったら怒らせてしまう」「こんなことを言ったら嫌われる」と、人の顔色ばかりをうかがって遠慮して、友人が間違ったことをしているにもかかわらず、適切な助言を控えるのは良い友好関係とは言えません。

良き友人は、時に厳しい友でもあるのです。仕事においても「仲良しクラブ」からは何も生まれず、互いに言いたいことを本気で言えるチームこそが成果をあげるのです。

WORDS OF ALFRED ADLER

30

自分と他人の課題に分離する

雨と闘ったり、負かそうとしてもムダだ。
雨と闘って時間を費やすな。

▼『人生の意味の心理学』

「雨と闘う」と言うと、「一体、何を言っているのだ」と思うかもしれませんが、アドラーが言っているのは「課題を分離する」ということです。

たとえば、雨が急に降ってきて困った時にできることは何でしょうか。雨に濡れないように傘をさす、あるいは傘がなければ傘を買うとかタクシーを利用するということは「今の自分にできる」ことですが、「雨よ止《や》め」と天候を操り「雨と闘う」ことなど、諸葛孔明《しょかつこうめい》ではないあなたにできることではありません。

つまり、課題に直面した時にやるべきことは、自分にできること、今できることに専念することで、自分の手には負えない「他人の課題」に土足で足を踏み入れることはすべきではないというのがアドラーの指摘です。

アドラーによると、対人関係のトラブルは、人の課題に土足で踏み込むこと、踏み込まれることから起こります。

大切なのは「自分の課題」と「他人の課題」をしっかりと分けて考えて、自分の課題にのみ対峙《たいじ》していくことです。そうでなければ、「雨と闘う」という無益なことに大切な時間を費やすだけになるのです。

WORDS OF ALFRED ADLER

31

何歳になっても挑戦できる

苦手を理由に、
英語での講演を避けることは、
人生の課題を避けること。

▼『アドラーの生涯』

人生100年時代には、ほとんどの人は第二の人生、第三の人生を生きることになりますが、そのためにはこれまでに経験したことのない挑戦を求められることもあります。

アドラーは1870年2月7日、オーストリアに生まれ、医師として活躍しながら、「個人心理学」の確立に努めています。やがてその名声はオーストリアに留まらず、ヨーロッパ、そしてアメリカへと広まっていきました。初めての渡米は1926年です。当時、歴史あるヨーロッパ人にとってアメリカは異質の場所とされましたが、アドラーは訪れるたびにアメリカに魅了されたといいます。

しかし、そんなアドラーもアメリカでの活動のためには英語の克服が課題となりました。当時、50代半ばのアドラーは、毎日レッスンに通って英語を学びました。

理由は「英語が完全でないからと、英語で講演することを避ける」としたら、人生の課題を避けるために病気を口実にする人たちと同じになってしまうからでした。結果、「誰でも、何でも、なすことができる」と考えるアドラーの楽観主義は、アメリカに受け入れられていったのです。人はいくつになっても変わることができるし、挑戦できるのです。

WORDS OF ALFRED ADLER

第四章

劣等感・虚栄心とどう向き合うか

WORDS OF ALFRED ADLER

32

「昨日の自分」より上手になろう

他の人が
君より上手だからといって
心配してはいけない。

▼『勇気はいかに回復されるのか』

自分と他人を比べて落ち込んでしまう人がいます。

「切磋琢磨《せっさたくま》」というように、良きライバルの存在は成長への大きな励みになりますが、その一方で他の人が自分より優《まさ》っていると知り、「どうせ努力してもムダなんだ」「どんなに頑張っても勝てっこないや」と努力をやめてしまうのは大いに問題です。

アドラーは子どもたちを励ます時、水泳を例に出し、最初は誰でもうまく泳ぐことができず、泳ぎを覚えるのには時間がかかったはずだと、こう言っています。

「何でも最初は大変だ。でも、しばらくするとうまくできるようになる。集中し、忍耐強く努力する。他の人が君より上手だからといって心配してはいけない」。

上達のスピードは人さまざまで、他の人が自分より上手かどうかは、実は自分には関係のないことです。他の人と比べるのではなく、自分自身が努力をして上手になればいいだけのことなのです。

他の人との比較にとらわれることなく、目の前にある課題に全力で取り組むことこそが大切で、やがて「できない」ことも「うまくできる」ようになり、そうなって初めて、誰かと競うことも成長への糧となっていくのです。

WORDS OF ALFRED ADLER

33

評価を得たいなら自ら動くことだ

自分が成し遂げたことではなく、
他の人の価値を下げることで
秀《ひい》でようとすれば、
それは弱さの兆候《ちょうこう》です。

▼『子どもの教育』

自分では何もつくり上げたことがないのに、他の人がつくり上げたものに関してあれこれ批評や批判をしたがる人がいますが、そんなことをしたところで自分への評価は決して上がりません。

ある時、アドラーと別の心理学者が二人でいるところに一人の青年がやってきて「お二人の紳士が心理学者であることは知っています。でも、私がどんな人物かを言い当てることは、恐らくどちらにもできないことだと思いますよ」と、皮肉たっぷりに話しかけました。

青年は特に何かができるわけではなく、代わりに二人の心理学者に「できないだろう」と指摘して優越感を持とうとしたのです。その態度は挑戦的で、相手の価値を貶《おとし》めようという意図に満ちていました。

こうした軽蔑や侮蔑《ぶべつ》を、アドラーは「価値低減傾向」と呼び、劣等感と虚栄心のなせることだと指摘しています。

「自分が成し遂げたことで秀でているのではなく、他の人の価値を下げることで秀でようとすれば、そのことは弱さの兆候です」。

名声を得たいのなら、誰かを非難して貶めるのではなく、自ら行動して価値を高めることです。ネガティブな行動は、かえって評価を下げるだけなのです。

WORDS OF ALFRED ADLER

34

うらやめ、ねたんではダメになる

「うらやましい」ではなく、「ねたましい」と感じる方の嫉妬《しっと》心は、人生における無益な態度につながる。

▼『生きるために大切なこと』

人は誰でも劣等感を持っていますし、嫉妬心も抱くものです。世の中には自分より優れた人、恵まれた人がたくさんいて、そんな人たちと自分を比べて、悲しい気持ちになったり辛い気持ちになったりするというのは、人として当然の感情です。

アドラーはこうした嫉妬の感情について、「少しぐらいの嫉妬心なら特に害はなく、ごく普通のことだ」と言っていますが、注意すべきは嫉妬心を有益な方向に向けるのではなく、無益な方向に向けることです。アドラーはこう言っています。

「『うらやましい』ではなく、『ねたましい』と感じる方の嫉妬心は、人生における無益な態度につながる」。

「うらやましい」と「ねたましい」は似ているようで違っています。「うらやましい」は自分より優っている人を見て、「自分もそうなりたい」と思うのに対し、「ねたましい」は優れた人に対する「ねたみ」や「恨み」という負の感情を伴います。誰かを見て「ねたましい」と感じたら、注意が必要です。

誰かと比べて「劣っている」というのは、自分にはまだ解決すべきたくさんの課題があり、それだけ成長することができるということだと捉え、前向きに努力することが大切なのです。

WORDS OF ALFRED ADLER

35

才能は遺伝より「生き方」で決まる

才能は遺伝だけでは決まらない。
勇気と訓練で決まる。

▼『アドラーの生涯』

もし遺伝のように、持って生まれたものだけで人生が決まるとしたら、天才は天才の両親からしか生まれないことになります。

相対性理論で知られる天才アルベルト・アインシュタインは、ある人から「両親のどちらから科学的才能を受け継いだのか」と聞かれ、「私は特別な才能など持っていません。ただ、極端に好奇心が強いだけです。ですから、遺伝のことは問題になりません」と答えています。

アインシュタインの一族に科学者や学者はいません。母親は少しだけ教育熱心でしたが、その天才性は幼い頃からの好奇心と反骨心によって培《つちか》われたと言われています。

アドラーは持って生まれた才能や遺伝の影響を否定するわけではありませんが、子どもは勇気と訓練によって人生の課題に対処する力を身に付け、限界を取り除くことができるようになると考えていました。

自分には能力がないという強い劣等感を持っていた人が、努力によって成功を収めることもあれば、生まれつき能力がないと信じ込んで努力を怠る人もいます。

劣等感を「逃げ」の理由にしないためにも、アドラーの言う「コンプレックスは、※胚珠《はいしゅ》の中にも血液の中にもない」という言葉を信じ、努力することです。

※胚珠…植物の種子となる部分

WORDS OF ALFRED ADLER

36

「必ず追いつける」と信じよう

大きな問題は、
自分を過小評価して
「もう追いつくことはできない」と
あきらめることだ。

▼『子どもの教育』

世界で活躍するテニスプレーヤー錦織《にしこり》圭《けい》選手は、13歳でアメリカのIMGアカデミーに入っていますが、2年間も負け続けたといいます。普通なら嫌になるところを錦織さんは「負け続けて、努力の必要性を強く感じた」ことで、3年目から急成長を遂げています。

錦織さんにとって敗北は成長のバネとなりましたが、中には失敗や敗北によって自らを過小評価してしまう人もいます。「もう勝てないのではないか」「絶対に追いつけるはずがない」という、そんな弱気に陥ると、あっという間に負のスパイラルに入ってしまいますが、そんな姿勢に対してアドラーは、はっきりと「ノー」と言っています。

「大きな問題は、自分で自分を過小評価するということです。『もう追いつくことはできない』と信じてしまうのです。これは本当ではありません。実際追いつけるからです」。

アドラーによると、普通の子ども、つまり勇気のある子どもは、どんなことであっても遅れを取り戻せるといいます。

仕事でもスポーツでも、勝つためには決して自分を過小評価せず、「いつか追いついてみせる」「いつか勝てる」と強い気持ちを持つことが大切なのです。

WORDS OF ALFRED ADLER 37

他人の目より自分の目を信じよう

「実際にどうか」よりも「他人にどう思われるか」を気にすれば簡単に自分らしさを失う。

▼『人生を生き抜く心理学』

「自分は自分、他人は他人」と思いながらも、他人が自分のことをどう思っているか、あるいは上司や同僚が自分をどう評価しているかは、とても気になるものです。

もちろん、高い評価を受けていると知ればとても嬉しいのですが、そうでない場合にはひどく落ち込んでしまいます。

そして、さらに進むと、自分が「こうしよう」と決めても、「でも、人に何か言われたら嫌だなあ」とか、「上司や部下に嫌われたら困るから」と、本来言うべきことや、やるべきことをやらないでおくようになってしまいます。


人にどんな印象を与えているのか、人は自分のことをどんなふうに思っているのかということばかりを気にすると、現実にやるべきことができなくなってしまいます。アドラーは「『実際にどうか』よりも『他人にどう思われるか』を気にすれば簡単に自分らしさを失う」と指摘しています。

本来の自分らしさを失うことなく、やるべきことをやるためには、他人からの評価である「外のスコアカード」ばかり気にせず、自分で考え自分で決めた「内なるスコアカード」を信じる勇気が必要なのです。

WORDS OF ALFRED ADLER 38

「自分には価値がある」と信じろ

自分に価値があると思う時にだけ、勇気を持てる。

▼『人生を生き抜く心理学』

「自分のことを好きですか」と聞かれて、「はい、好きです」と答えられる人がどれほどいるのでしょうか。中には「自分なんか」が口癖で「自信がない」と思い込んでいる人もいるはずです。

人、特に子どもが人生の課題を回避しようとする時は、課題そのものが困難であるという以上に、自分に「価値がない」と思えるからだというのが、アドラーの考え方です。子どもが「自分には価値がない」と思うには、そう思わなければならないだけの理由があり、アドラーはある少年のケースを紹介しています。

成績も悪く、怠惰と見なされ、級友とうまくやっていくことができず、いつもからかわれている12歳の少年の生育歴をアドラーが調べると、家庭でも学校でも出来のいい兄と比べられて、少年は強い劣等コンプレックスに苦しみ、「兄よりも価値が低い」と信じ込んでいました。

しかし、実際には自信を持つようになると、級友のみんなと同じくらいやり遂げる力を持つごく普通の子どもだったのです。

「自分に価値があると思う時にだけ、勇気を持てる」とアドラーが言うように、課題に挑戦するためには、誰かと比べるのではなく「自らの価値」に気付くことが必要なのです。

WORDS OF ALFRED ADLER

39

甘やかしから得るものは何もない

誰もが甘やかしを
成長の妨げであると感じている。
しかし、誰もが
甘やかしの対象となることは好む。

▼『生きる意味を求めて』

進学や就職などに際して口やかましく干渉してくる親に対して「イラッとした」という経験を持つ人は少なくありません。

親の時代と今の時代では、学校への評価も人気のある企業や職種も大きく変わっているにもかかわらず、親は親の時代の価値観でしかものごとを判断しないことが衝突の一因のようです。

親の立場に立てば、子どもの幸せのためにできるだけのことはしたいし、受験や就職活動を共に戦いたいという気持ちを持っても不思議はありません。とはいえ、その気持ちが強すぎて過度の甘やかし、過度の干渉になると、子どもの自立にとって好ましいことではありません。

実際、甘やかされることの弊害は大きく、多くの人がこうした弊害を知っているはずですが、なぜか今も甘やかしが止むことはありません。アドラーはこう分析しています。

「誰もが甘やかしを正しい発達にとっての負担と妨げであると感じている。それにもかかわらず、誰もが甘やかしの対象となることは好む」。

自分の人生を親任せにすることはできないし、親も子どもの人生に責任を負うことはできません。親も子も「自分の人生を生きる」ことが何より大切なのです。

WORDS OF ALFRED ADLER

40

自分の人生をしっかりと生きろ

虚栄心は、
人間のあらゆる自由な成長を妨げる。

▼『性格の心理学』

誰しも人から認められたいし、よく見られたいという気持ちを持っています。

しかし、アドラーによると、虚栄心を見せつけることはよくない印象を与えるため、たいていの場合はしっかり隠されていますが、中には虚栄心が非常に強く、他の人の評価をまったく意に介さないか、貪欲《どんよく》にそれを得ようとする人もいます。

虚栄心が一定限度を超えると、どうすれば人に認めてもらえるかばかりに目がいくようになります。また、自分にとって有利かどうかばかりを考え行動するようになると、「人生が要求していること、人間として社会にどう貢献しなければならないかを忘れる」ことになります。

また、「仕事という大きな競技場を離れ」て、「第二の戦場」であるSNSの世界でエセリア充※を気取る人もいます。

アドラーは、こうした強すぎる虚栄心について「虚栄心は、他の悪徳とは違って、人間のあらゆる自由な成長を妨げる」と警告を発しています。

人生をどう生きるかの決定権は、本来自分にありますが、「他の人の評価」を気にしすぎると、決定権を他人が持つことになってしまいます。大切なのは自分の人生をしっかりと生きることなのです。

※エセリア充…リア充（日常が満ち足りている人）のエセ（偽物）のこと。

WORDS OF ALFRED ADLER

41

大きく見せるな、大きくなれ

虚栄心が
とりわけ目につく人は
自己評価が低い。

▼『性格の心理学』

人は自分が不完全だと感じる時、「等身大」の自分であることに満足せず、「他の人以上」であろうと「背伸び」したり、「つま先で立つ」ようなことをしがちです。

学校の授業中に、先生に黒板消しを何度も投げつけては叱られている10歳の少年をカウンセリングしたアドラーは、少年が小柄であることに気付きました。アドラーが「10歳にしては小さくないですか」と言うと、少年はむっとしてアドラーを睨《にら》みました。気にせずアドラーは「私を見てごらん。私も40歳にしては小さいでしょう。小さい僕たちは大きいことを証明しなければならない。だから、先生に向かって黒板消しを投げつける。そうじゃないかい」と言った後、爪先立ちをしてから元に戻しました。

小柄な少年は、自分を実際より大きく見せようと、先生に黒板消しを投げることで「大きさ」を証明しようとしていたのです。アドラーは言います。

「虚栄心がとりわけ目につく人は自己評価が低いと推測できる」。

人は他人に比べて自分が不完全だと感じる時、他人以上であろうと、つま先で立つようなことをします。しかし、実際に必要なのは、「つま先立ち」ではなく劣等感を克服するための健全な努力なのです。

WORDS OF ALFRED ADLER 42

知らないからこそ、知りたくなる

科学の進歩は、「知らない」という劣等感と、「もっと知りたい」という優越性の追求に基づいている。

▼『人生の意味の心理学』

アドラーは、優越性の追求は、人間の普遍的な欲求であると考えていますが、劣等感は人間が進歩していくうえでの原動力にもなると考えていました。

「劣等感」というと、どうしても悪いイメージに捉えられがちですが、他者と自分を比較して「負けている部分」を何とか埋めようと前向きに努力することで、人は成長することができます。あるいは、「理想の自分」と「今の自分」を比較してその「差」を知ることも成長への大いなる刺激となります。

アドラーは、科学の進歩にも劣等感が原動力になったと考えて、こう言っています。

「科学の進歩は、人が無知であることと、将来のために備えることが必要であることを意識している時にだけ可能である。それは人間の運命を改善し、宇宙についてもっと多くのことを知り、宇宙をより良く制御しようとする努力の結晶である。人間の文化のすべては劣等感に基づいていると思える」。

アドラーによると「知らない」という劣等感と、「もっと知りたい」という優越性の追求こそが、人間の成長と社会の進歩に不可欠なのです。

WORDS OF ALFRED ADLER

43

「何でも知っている」を恥じよ

大きな優越感を持ち、
自分にできないことは何もないと
信じている人は、
何も学ぼうとしない。

▼『生きるために大切なこと』

「何でも知っていると思うなら、それはもう既に死んでいるということだ」は「プロレスの神様」と呼ばれた名レスラー、故カール・ゴッチの言葉です。

学べば学ぶほど己の未熟さに気付かされるところに武術の奥深さがあるわけですが、この言葉は哲学者のソクラテスが言った「私は自分の無知を知っているという点では、彼らよりも知恵者であるらしい(無知の知)」に通じるものがあります。

人が成長し続けるためには「自分はまだまだだ」という気持ちを欠くことができませんが、アドラーによると、その反対の「自分は凄《すご》い」と思い込んでいる人にはそれができないと言います。

「大きな優越感を持ち、自分にできないことは何もないと信じている人がいたとしよう。彼は何でも知っていると思い込んでいるので、何も学ぼうとしない」。

強すぎる優越感の持ち主は何も学ぼうとしませんし、「自分が一番」と思い込んでいるため「負けるわけがない」「失敗するわけがない」と信じ込み、たいていの場合「悲惨な結果」に終わるといいます。

人は未熟さを知り、真理の前に謙虚であれば、学び続け、研鑽《けんさん》し続けることができるのです。

WORDS OF ALFRED ADLER

44

持てる者には義務がある

貪欲は献身することを惜しみ、
わずかな財産を守るために
自分の周りに壁を高く積み上げる。

▼『性格はいかに選択されるのか』

アドラーは、人間関係を厄介《やっかい》なものにする性格として虚栄心や嫉妬を挙げていますが、貪欲《どんよく》（吝嗇《りんしょく》）もその一つに数えています。アドラーによると、貪欲はお金を貯めることだけに限らず、他の人を喜ばす気になれないところに問題があると言います。

「貪欲は全体や個人のために献身することを惜しみ、わずかな財産を守るために、自分のまわりに壁を高く積み上げる」。

米国史上最も莫大な富を築いたと言われるジョン・ロックフェラーは、53歳の時に死に瀕《ひん》するほど病んでいました。週100万ドルの収入があるのに、医師からは週2ドルの食事しか許されませんでした。長年の「金、金、金」の生活が原因でした。人々からも憎しみの目で見られていました。ところが、慈善事業を積極的に始めたところ体調はみるみる回復、ロックフェラーの後半生は一転し、人々の感謝の中で98歳まで生きています。

お金や権力を持つ者には「持てる者の義務」があります。アドラー自身、「蓄える人」ではなく、思想を含めて持てるものは惜しみなく与えたと言われています。そうすることでこそ、人は周りに壁をつくることなく、人々と共に生きることができるのです。

WORDS OF ALFRED ADLER

第五章

「何でもできる」と信じて努力しよう

WORDS OF ALFRED ADLER 45

大切なのは、努力し続ける才能

誰でも、何でも
成し遂げることができる。

▼『人生を生き抜く心理学』『個人心理学講義』

アドラーの特徴は、才能や遺伝の影響を認めず、「誰でも、何でも成し遂げることができる」と言い切るところにあります。もちろんそのための努力は必要になりますが、「とうてい達成できないようなことでなければ最終的にはできる」というのがアドラーの考え方です。

そこには、アドラー自身の経験があります。子ども時代、アドラーは数学に苦しみ留年していますが、父親のきつい励ましもあって一生懸命に勉強した結果、学校で最も数学ができる生徒の一人になったことで、「特別な才能とか生まれついての能力があるという理論が誤っていることが分かった」と確信しています。

さらにアドラーは、やはり数学に苦手意識を持つ二女のアレクサンドラが勇気付けによって数学で一番の成績を取るようになったことで、「誰でも、何でも成し遂げることができる」を再確認しています。

「一万時間の法則」※によれば、ある程度の継続学習によって人はかなりのレベルに上達できるといわれていますが、それは「持って生まれた才能」以上に「継続して努力する才能」の大切さを教えてくれるものです。努力し続けることで、人はたいていのことはできるようになると信じることが何より大切なのです。

※一万時間の法則…何においてもプロになるには大体一万時間かかるという考え方。

WORDS OF ALFRED ADLER

46

与えられたものを生かし切れ

大切なのは
何が与えられているかではなく、
与えられているものを
どう使うかである。

▼『人生を生き抜く心理学』『個人心理学講義』

もし、その人の人生が遺伝だけで決まるとすれば、人生に努力は必要ありません。どんなに頑張ったところで、持って生まれたものが決まっていれば、自分の限界を超えることなどできないはずですが、もちろんそんなことはナンセンスです。

あるアスリートが「才能は生き方で決まる」と話していましたが、たとえ早熟の天才でも、才能だけに頼っているとある段階から成長が止まり、幼い頃はさほどでもなかった努力の天才に追い抜かれてしまいます。アドラーは言います。

「大切なのは何が与えられているかではなく、与えられているものをどう使うかである」。

アドラーは幼い頃に「くる病」という器官劣等性を克服しています。健康な兄は「走り、飛び跳ね、何の造作もなく動き回る」ことができましたが、アドラーは「どんな動きにも大変な努力がいった」といいます。それでも両親や周りの人たちの助けを得て、広い草地で友人たちと遊ぶうちに、すっかり良くなりました。

遺伝や環境などを理由に自分で自分に限界線を引かず、マイナスも含めて与えられたものをどう使うかを考えることで、人は限界を超えていくことができるのです。

WORDS OF ALFRED ADLER

47

安易に走ると成功は失いやすい

ほとんど努力することなしに手に入れた成功は滅びやすい。

▼『性格はいかに選択されるのか』

名球会にも入っている元投手の武器はシンカーでした。若い頃は球速もあり順調に勝つことができましたが、やがて新しい変化球を覚える必要を感じました。

そこで、ある先輩に教わりに行ったところ、教えてくれませんでした。仕方なく試行錯誤しながら身に付けましたが、3年もかかりました。

「教えてくれれば楽に覚えられるのに」と最初は不満を感じましたが、しばらくして先輩から「自分で考え試行錯誤したお陰で、誰にも投げられないボールになったな」と言われ得心《とくしん》しました。

教えてもらって楽に覚えたボールはただの物真似だが、考えて身に付けたものは素晴らしい財産であり武器となる、と。

たいていの人は「楽に成功したい」と願うものですが、努力を欠いた成功には一つの特徴があるというのがアドラーの考えです。

「ほとんど努力することなしに手に入れた成功は滅びやすい」。

大切なのは、結果よりも、勇気を持つこと、忍耐強くあること、努力を続けることです。もちろん絶対の成功を約束することはできませんが、少なくとも成功への道は歩むことができるし、そこで得た自信は人生を支える武器となるのです。

WORDS OF ALFRED ADLER

48

教えすぎるな、自分で考えさせろ

自立心の息の根を止めないようにすべきだ。

▼『子どもの教育』

両親があまり子どもの面倒を見すぎると子どもの自立心が育たなくなってしまうように、仕事においても教え過ぎる上司、細かく指示を出し過ぎる上司は、部下から考える力を奪い成長する力を止め、自立心を奪うことになりかねません。

社員から「考える力」や「自主性」を奪う方法はとても簡単です。仕事はすべて会社が決めたマニュアル通りに行い、「もっとこうしたらどうだろう」という改善提案は、「余計なことをするな」と受け付けなければいいだけのことです。

反対に「考える力」や「自主性」を伸ばしたいのなら、上司が先回りして教えるのではなく、常に考えさせ、指示にも「＋αの知恵」を付けることを求めることが必要になります。

子育てを見れば、そのことがとてもよく分かります。両親や祖父母が子どもを甘やかして、子どもが失敗しないように何でも先回りしてやってしまうと、「自分でやろう」という気持ちが失《う》せてしまいます。

だからこそ、アドラーが言うように「両親は思慮深く子どもの自立心の息の根を止めないようにする」ことが大切なのです。ビジネスにおいても子育てにおいても、善意からとしても自立心を妨げることは絶対にしてはならないのです。

WORDS OF ALFRED ADLER 49

「今より遠くに行ける」と信じよう

たいていの人は
今よりも遠くに行くことができる。

▼『アドラーの生涯』

子どもに限ったことではありませんが、人が課題に対処するためには勇気が必要ですし、失敗を恐れず挑戦するためにも勇気は欠かせません。

何より自分には価値があり、自分にはできるという自信があれば難しい課題にも対処できるのです。反対に勇気をくじかれると課題から逃げるようになります。

いつも叱られてばかりいると、必ず失敗すると感じるようになり、人生はあまりに困難だと感じて、臆病になってしまいます。

ある講演で、参加者の一人がアドラーに「子どもがおとなしくなるように教えるのと、主張的であるように教えるのと、どちらがいいか」と尋ねたところ、アドラーはこう答えました。

「子どもたちがあまりにうぬぼれるようになれば軌道修正が必要でしょう。でも、もしも子どもたちが勇気をくじかれたら修正することはできません。ウィーンのサーカスに古い諺《ことわざ》があります。『ライオンを馴《な》らすのはひどく難しいというわけではない。でも子羊を吠えるようにさせた人は誰かいるだろうか？』」。

「たいていの人は今よりも遠くに行くことができる」というのがアドラーの主張です。勇気をくじくことは絶対にしてはならないのです。

WORDS OF ALFRED ADLER 50

「小さな自信」が成長をもたらす

最善の援助は
「自分自身の力に
自信を持つようにさせる」ことだ。

▼『アドラーの生涯』

若い頃のたった一つの言葉がその人の人生の支えになることがあります。

シドニーオリンピックの女子マラソンで金メダルに輝いた高橋尚子さんは、大学卒業時に希望する企業がスカウトにくるほどのレベルになく、何とかリクルート・ランニングクラブ監督の小出義雄さんに指導してもらおうと、自費で合宿に参加します。

最初は期待していなかった小出さんですが、高橋さんの脚の運びが抜群なのを見て、「マラソンなら世界一になれる」と囁《ささや》き始めました。その言葉を高橋さんは本気にはしませんでしたが、自信にはなったといいます。高橋さんに「初めての小さな自信」を持たせてくれたのが小出さんだったのです。

アドラーによると、子どもが成長するうえで最善の援助は「自分自身の力に自信を持つようにさせる」ことです。

子どもにとって自信は最大の宝となるのです。仕事においても大切なのは「小さな成功」を積み重ねていくことです。

たとえささやかな成功でも「自分はやればできるんだ」という確信を得た人は、そこからは驚くほど成長します。人づくりで大切なのは「初めての自信」を持たせてあげることなのです。

WORDS OF ALFRED ADLER

51

「どうすればできるか」を教えよう

裁判官の役割を放棄し、
仲間や医師の役割を
果たさなければならない。

▼『子どもの教育』

トヨタ式に「診断士ではなく治療士になれ」という言葉があります。現場を見て「ここが悪い、ここが問題だ」といくら指摘したところで、それだけで現場が良くなることはありません。

大切なのは診断だけをすることではなく、実際に「なぜ問題があるのか」を調べて改善を行い、現場を良くする治療なのです。

ところが、世の中には、たとえば部下に対して「これがダメ、あれがダメ」とダメなところを次から次へと指摘して、「もっとちゃんとやれよ」「これじゃあ使い物にならないね」と、やたら厳しい言葉を並べ立てる人がいます。

たしかに指摘の通りなのかもしれませんが、肝心なのは問題の指摘でも罰することでもなく、「どうすればより良くなるか」という「立て直し」をサポートするフィードバックこそが必要なのです。

アドラーによると、アルコール依存症を治すには、どれほど説教しても罰しても効果はなく、ライフスタイルを見つけだし、それを矯正《きょうせい》することが不可欠だといいます。

本当の治療には「裁判官の役割を放棄し、仲間や医師の役割を果たさなければならない」のです。

罰は楽ではあっても、意味のない対症療法に過ぎないのです。

WORDS OF ALFRED ADLER 52

日々変化、日々進化を

生きることは進化することである。

▼『人生を生き抜く心理学』

アドラーは、人はそれぞれ「優越性」という目標を追求して行動すると考えています。

最初は誰しも無力な状態ですが、そこから脱すべく目標を持って優れた存在になろうと願いますが、それは誰にでも見られる普遍的な欲求であり、そうすることで「人間の生活の全体は、この活動の太い線に沿って、下から上へ、マイナスからプラスへ、敗北から勝利へと進行する」ことになります。

但し、アドラーは「そこに優劣はない」とも考えていました。「目指す方法はみんな違っている。それぞれが独自の失敗をして、独自の道を通って成功に近づいていく」と話しています。

つまり、目標の達成に優劣はなく、誰が速いか誰が遅いかもありません。アドラーによると、人はみなそれぞれの目標を持ち、それぞれのスタート地点から前へと進みますが、ある人は速く、またある人はゆっくりと進んでいきます。

大切なのは「生きることは進化することである」と、日々ゆっくりとでも変わり続け、進化し続けていくことなのです。

他人と比べる必要はありません。昨日の自分と比べて今日の自分がほんの少しでも前に進むことができればそれでいいのです。

WORDS OF ALFRED ADLER 53

未来を諦めるな、変えられる

今が困難でも
未来が困難とは限らない。
未来は変えられる。

▼『アドラーの生涯』

人生において大きな失敗をして、「ああ、もうダメだ。これじゃあ、この先に希望なんか持てないよ」と、絶望的な気持ちになることがあります。

アドラーはこうした「陰鬱《いんうつ》な予言」を嫌《きら》っていました。ある時、統合失調症の少女の診察を行った精神科医が、少女の両親に「回復の見込みがない」と言ったところ、アドラーはその医師にこう尋ねました。

「いいかい、聞きたまえ。どうして我々にそんなことが言えるだろう。これから何が起こるかを、どうして知ることができるだろう」。

医師の言葉は経験からの言葉だったのでしょうが、こうした「陰鬱な予言」は、アドラーの患者への優れたケアの感覚とは相容れないものでした。

アドラーは、若い頃から医師として生まれつきの虚弱さを努力によって克服した市井《しせい》の人をたくさん見てきました。そんなアドラーから見れば、未来は決まり切ったものではなく、自ら変えていくことができるものでした。

未来は現在の延長線にしかないわけではありません。今を変えれば未来も確実に変えることができるのです。

間違っても「陰鬱な予言」によって未来を諦《あきら》めてはいけないのです。

WORDS OF ALFRED ADLER 54

過去を悔やむな、明日を目指せ

進歩を目指して努力する方が、過去の楽園を探すよりもいいことだ。

▼『アドラーの生涯』

アドラーの心理学の特徴は「過去」ではなく「未来」に目を向けるところにあります。

精神科医やカウンセラーの中には、相談者が抱える困難の原因を過去に求めようとする人がいます。

過去に今の原因を探し、それまで気付かなかった出来事を思い出させて、「悪いのはあなたのせいではない」と言えば、今の自分を責めていた相談者の気持ちを楽にすることができます。

しかし、アドラーによると、過去の出来事を持ち出すだけでは解決にはなりません。仮に過去の出来事が今の困難の原因だとしても、過去に遡《さかのぼ》ってやり直すことはできないからです。それよりも、これから何ができるかを考え、少しでも前に進むようにする方がいいのではないのかというのがアドラーの考えで、こう言っています。

「進歩を目指して努力する方が、過去の楽園を探すよりもいいことだ」。

人は誰しも過去にさまざまな経験をしています。その中には良いこともあれば悪いこともあり、それらが今の困難の原因だとしても、過去を振り返って悔やむよりも、未来に向かって「今の自分」を変えていく方がはるかにいいのです。

WORDS OF ALFRED ADLER

第六章

「失敗」は怖くない

WORDS OF ALFRED ADLER

55

失敗を悔やむな、次の挑戦を

楽観主義者は、困難な状況にあっても、誤りは償《つぐな》うことができると確信して冷静でいられる。

▼『性格はいかに選択されるのか』『性格の心理学』

アドラーは、困難にいかに立ち向かうかによって、人間を三つのタイプに分類しています。それが「悲観主義者」「楽天主義者」「楽観主義者」の三分類です。

「悲観主義者」は、困難にぶつかると自分はもう何もできないという、一種の諦《あきら》めを抱いて行動しないし、「楽天主義者」は何が起こっても何とかなるだろうと考えて、やはりこちらも何もしようとはしません。一方、「楽観主義者」は、すべての課題を解決することはできないにしても、解決に向けて何もせずに撤退するとか、何か口実をつくって逃げるということはありません。

アドラーによると、楽観主義者の特徴は「困難な状況にあっても、誤りは償うことができると確信して冷静でいられる」といいます。

困難な課題に取り組めば失敗することもあります。しかし、そんな時にも楽観主義者は「失敗すればやり直せばいいだけのことだ」と知っているので、悲観的になることもありませんし、再度の挑戦をためらうこともないのです。

人が挑戦をためらうのは失敗を恐れるからですが、失敗したら「なぜ失敗したか」を調べてもう一度やればいいという姿勢こそが、困難を解決する力となるのです。

WORDS OF ALFRED ADLER 56

失敗こそが成長の母である

失敗は決して
勇気をくじくものではなく、
新しい課題として
取り組むべきものである。

▼『勇気はいかに回復されるのか』『子どもの教育』

ある企業の経営者が、入社したばかりの新人に教えているのは、失敗した時には「失敗したあ」と大きな声で言うことです。そうすれば先輩や上司がやってきて、「バカだなあ」くらいは言うかもしれませんが、「こうすればいい」と助けてくれると言うのです。

なぜ、そんなことを教えるのでしょうか。理由は、失敗は隠《かく》すことなく前向きに対処すれば、失敗を糧《かて》にして成長することができるのに対し、失敗を隠してしまうと問題がさらに大きくなるうえ、本人も失敗を恐れて挑戦をためらうようになるからです。アドラーは言います。

「失敗は決して勇気をくじくものではなく、新しい課題として取り組むべきものだと教育する方がはるかに重要である」。

悲観主義の人は、期待通りの成果があげられない時、失敗という厳しい現実を突きつけられることを恐れて努力を怠りますが、楽観主義の人は失敗したとしても、それは自分には何ができて、何ができないかを教えてくれる成長へのヒントと捉えることができます。

失敗は、間違った使い方をすれば勇気をくじくものになりますが、上手に使えば人を大きく成長させてくれるものなのです。

WORDS OF ALFRED ADLER

57

失敗の数だけ成長できる

困難と格闘することなしには
成長することはできない。

▼『アドラーの生涯』

人生で直面する課題の中には困難なものが多く含まれています。できるなら避けて通りたいものですが、そうした困難を回避していると、苦労はしないものの、人としての成長は止まってしまいます。

ノーベル物理学賞を受賞した小柴昌俊《こしばまさとし》さんは、中学一年生の時に小児マヒ（ポリオ）に罹《かか》っています。当時は治療法もなく、自分で手足を動かす療法しかなかったといいます。

病気を理由に何もしなければ動けなくなってしまうと思った小柴さんは、学校まで四キロの道を長い時間をかけて歩いて通うという自己流のリハビリを続けることで病を克服しました。

この経験を通して「なにくそ」という本気が自分の人生を変えていくことを学び、自分を信じる力になったといいます。

「困難と格闘することなしには成長することはできない」は、人生の早い時期に、失望と挫折をいかに克服するかを学ぶことが重要であると考えるアドラーの言葉です。

人は人生の早い時期だけでなく、いくつになっても挑戦と失敗、挫折と成功などを経験しながら成長することができるのです。

WORDS OF ALFRED ADLER 58

怖いのは失敗より挑戦からの逃避

われわれは皆誤りを犯す。
しかし重要なことは、
誤りを訂正できるということである。

▼『個人心理学講義』

失敗を過度に恐れると、仕事や交友、あるいは愛といった人生の課題を避けて通りたいと考えるようになります。

しかし、それでは課題を解決することはできませんし、人としての成長も期待できません。

難しい課題に挑戦すれば当然、失敗することもあります。絶対の成功が約束されていれば、それは「挑戦」ではないのですから。

ある人が「失敗には味がある」と言っていましたが、失敗したり、間違った時には「なぜ」と問いかけてそこから学べばいいというのがアドラーの考え方です。

「われわれは皆誤りを犯す。しかし重要なことは、誤りを訂正できるということである」。

たとえば、子どもが失敗をした時に大切なのは、厳しい罰ではなく、失敗した後にどうするかを教えることです。

相手を傷つけたなら謝罪することを教え、やっていいこととやってはいけないことをきちんと教えます。物を壊したなら可能な限り原状に戻すという責任を引き受けさせます。

大切なのは失敗しないことではなく、失敗した時に正しい行動を取り、かつ失敗から教訓を学ぶということなのです。

WORDS OF ALFRED ADLER 59

経験は意味づけ次第で変わる

われわれは自分の経験によって
決定されるのではなく、
経験に与える意味によって、
自らを決定するのである。

▼『人生の意味の心理学』

アドラー心理学の特徴の一つは、人は誰もが同じ世界に生きているわけではなく、それぞれの人が「意味付け」をした世界に生きていると考えることです。たとえば幼い頃、辛《つら》く苦しい経験をしたとして、それを恨《うら》んで生きる人もいれば、むしろ感謝の念を持って生きる人もいます。

つまり、人は同じような経験をしたとしても、その意味付け次第で経験はまるで違う価値を持つことになり、その後の行動もがらりと変わってくるのです。

ある人が小学生時代、児童会の副会長選挙に立候補したところ、何の準備もしなかったこともあり演説で大失敗、結果はわずか数票で落選してしまいました。

普通は、このような経験をすれば臆病《おくびょう》になるところですが、この人は仕事に臨《のぞ》んで「この準備ではまた数票しかもらえない」と、自分の戒《いまし》めとしたことで大きな成功を手にしました。過去の事実は変えられないが、出来事の意味は変えられるというのがその人の信条です。アドラーは言います。「われわれは自分の経験によって決定されるのではなく、経験に与える意味によって、自らを決定するのである」と。

良い経験も苦《にが》い経験も、その「意味付け」によって大きく変わってくることになるのです。

WORDS OF ALFRED ADLER 60

「失敗する勇気」を持とう

生きている人間だけが
こんなにも多くの間違いを
犯すことができるのだ。

▼『アドラーの生涯』

「人生とは単なるゲームではないので、困難には事欠かない」は、アドラーの言葉です。

人間は生きていればたくさんの困難にぶつかります。困難によって失敗し挫折することもあるし、困難を乗り越えることで大きく成長することもあります。

もし、人生がスマホゲームのようなものだとしたら、失敗してもリセットして簡単にやり直すことができますし、マニュアルなどを見て失敗しないやり方を知ることでミスを最小限に抑え、素早く効率よく結果を出すこともできます。もちろん人生はそういうわけにはいきませんが。


アドラーは「だからこそ人生は素晴らしい」と考えていたのかもしれません。アドラーは講演で個人心理学の考え方について一通り説明したあと、参加者にこう付け加えました。

「生きている人間だけがこんなにも多くの間違いを犯すことができるのだ」。

人間は完璧ではないのでたくさんの失敗や間違いを犯しますが、アドラーは「失敗する勇気」や「誤りを正す勇気」を持つことで人は成長できると考えていました。人間は間違いを犯しますが、それは成長への大いなる糧《かて》でもあるのです。

WORDS OF ALFRED ADLER

61

自由には責任もあるが成長もある

指示通りに動くことには
慣れているが、
自由が与えられると
どうしていいか分からない。

▼『勇気はいかに回復されるのか』

「働き方改革」や「オフィス改革」の影響もあるのでしょうか、最近ではオフィスの「どこに座るか」を自分で選ぶ「フリーアドレス制」が増えています。その日の仕事の内容や気分によって席を選べるわけですが、中には「どこに座っていいか分からない」と戸惑う人もいます。

「決められた場所に座る」なら選択の必要はありませんが、「自分で選ぶ」となると、いろんなことを考えて困惑してしまうというのです。これはささやかな例ですが、人は決められた場所で決められたことをやること、指示されて働くことに慣れ切ってしまうと、そこから解放された瞬間に大いに戸惑ってしまうところがあります。アドラーは言います。

「隷属《れいぞく》にはよく準備されているだろうが、自由が与えられるとどうしていいか分からない」。

誰かに隷属し、指示された通りのことにはうまく対応できる人が「自由にやってみろ」と言われて戸惑うのは、どうしていいか分からず、行動できないからです。失敗するくらいなら誰かの言う通りにしている方がいいのです。

自由には責任も伴いますが、人は自分で考え、自分の責任で行動してこそ成長できるのです。

WORDS OF ALFRED ADLER 62

結果よりもプロセスを大切に

準備を妨げておきながら、業績が劣っていると批判することは近視眼的だ。

▼『子どもの教育』

人はしばしば「結果」だけを見て、「なぜ結果が出ないのか」を見ようとしないことがあります。結果が出ない理由の一つに準備不足があります。

「段取り八分《はちぶ》」という言い方があるように、成果を上げるためには事前の準備が大切です。しっかり準備ができればものごとは8割がた成功が約束されると言われるのに対し、準備を疎《おろそ》かにすることは失敗を引き寄せることになります。

アドラーによると、たとえば甘やかされた子どもは努力する訓練を受けておらず、困難に立ち向かいながらも先に進むという忍耐心を持っていないため、いい成績を上げるのが難しくなるといいます。

こうした子どもを叱るのは「準備を妨げておきながら、業績が劣っていると批判することは、近視眼的だ」というのがアドラーの考え方です。

やるべきは、子どもが取る点数だけで叱ることではなく、正しい準備について教えていくことなのです。仕事においても失敗の多い人、結果が出ない人に対して必要なのは、叱ること以上に事前準備の大切さを教えていくことです。

できる限りの準備を行うこと、それは子どもにとっても大人にとっても「やれる」という自信につながるものなのです。

WORDS OF ALFRED ADLER

63

困難も見方次第で違って見える

困難は克服できない障害ではなく、立ち向かい征服する課題である。

▼『子どもの教育』

生きるうえで、また仕事をするうえで、目の前にある困難をどう見るかで生き方や仕事の成果は大きく変わってきます。

ある大企業の創業者が、20代後半の若手社員を難しいプロジェクトのリーダーに任命しました。ところが、若手社員が調べれば調べるほどそのプロジェクトは難しいことが分かりました。

困った若手社員が創業者にそう報告すると、創業者は若手社員をプロジェクトに関係のあるいろんな分野の人たちが集まる会合に連れていきました。

創業者が若手社員と一緒にプロジェクトについてみんなの意見を聞いて回ると、「この点が難しい」という意見がいくつも出てきましたが、創業者は若手社員に「これで何を解決すればいいか分かっただろう」と言いました。

若手社員にとって困難は「できない理由」と映りましたが、創業者には「これさえ解決すればできるということだ」と映ったのです。

アドラーは言います。「困難は克服できない障害ではなく、それに立ち向かい征服する課題である」と。見る角度を変えると、ものの見え方は違ってきます。困難でさえ見方を変えれば障害ではなく、自分を成長させてくれる課題となるのです。

WORDS OF ALFRED ADLER

第七章

人は「勇気」を持ってこそ成長できる

WORDS OF ALFRED ADLER

64

人は挑戦し、失敗して成長する

勇気とは、
不完全である勇気、失敗する勇気、
誤っていることが明らかにされる勇気である。

▼『勇気はいかに回復されるのか』

「勇気」はアドラー心理学を特徴付ける言葉の一つです。勇ましさではなく、「人生のよくある問題に対処することが、勇気がある」ということです。

「勇気」には三つあります。

「もしも人が無限の勇気を持って人生を生きるならば、仕事、交友、あるいは愛の課題を決して避けないだろう。もちろん失敗することもあるだろう。だからといって問題を避けるようにはならないだろう。なぜなら、われわれは失敗から学ぶからである。勇気の最も優れた表現の一つは、不完全である勇気、失敗をする勇気、誤っていることが明らかにされる勇気である」。

成功が１００％約束されていれば挑戦に勇気は不要です。しかし、中には困難で、失敗する恐れがある課題もあります。そんな時、失敗を恐れ、他の人の評価を恐れて課題への挑戦を避けるようでは成長はありません。

大切なのは①自分が失敗することもあるという「不完全である勇気」②失敗から多くのことを学んで成長する「失敗する勇気」③自分で失敗したことを認める「誤っていることが明らかにされる勇気」—なのです。この三つの勇気を持つことで人は失敗から学び、成長することができるのです。

WORDS OF ALFRED ADLER

65

勇気を蛮勇《ばんゆう》や虚勢と間違えるな

真の勇気はいつも有用な勇気である。

▼『勇気はいかに回復されるのか』

人生の課題に挑戦し、そこからたくさんのことを学んで成長していくためには勇気が必要ですが、一方で「勇気がある」という言葉は、誤解されることも少なくありません。アドラーは「真の勇気はいつも有用な勇気である」として、勇気を「有用な勇気」とそれ以外のものに分けて考えています。

勇気については『武士道』で有名な新《に》渡戸《とべ》稲造《いなぞう》がこんな言葉を残しています。

「勇気の修養には進む方の勇ばかりでなく、退いて守る方の勇も養うように心がけなければならない」。

「生きるべき時には生き、死ぬべき時にのみ死ぬことが本当の勇気である」。

人はしばしば、命を危うくしてでも危険を求め、死の淵に飛び込むことを勇気と同一視しますが、新渡戸によれば本当の武士道においては、死ぬべき時には潔《いさぎよ》く死ぬにしても、生きるべき時に死ぬのはただの犬死であり、時に屈辱を覚悟してでも生きることこそが本物の勇気となります。

「勇気」はしばしば誤解されます。大切なのは意味のない蛮勇や虚勢やヒロイズムではなく、課題に立ち向かい、社会のために生きることこそが、アドラーの言う「有用な勇気」なのです。

WORDS OF ALFRED ADLER 66

勇気をくじくな、勇気付けをしろ

勇気を
スプーン一杯の薬のように
与えることはできない。

▼『勇気はいかに回復されるのか』『子どものライフスタイル』

人生の課題に直面した時、本人にそれを解決しようという勇気がなければ、周りにいる人たちがどれほど動こうとも課題を解決することはできません。

もしそんな時、ポパイがほうれん草を食べて強くなるように、「勇気をスプーン一杯の薬のように与える」ことができれば、これほど楽なことはないのですが、アドラーは「できない」と言い切っています。

人生の課題に挑むのはあくまでも本人であり、その解決には「本人の勇気」が必要なのです。かといって周りの人が手をこまねいていて、いいわけではありません。アドラーは「勇気付け」には、①長所に目を向ける②自分に価値を見つける③自尊心を増す④失敗を恐れない――といった方法を用いることが効果的だと考えていました。

ある人が、勇気はがむしゃらなものではなく、心の底から沸《わ》き立たせるものだと言っていましたが、たしかに勇気を沸き立たせるためには、本人の「この課題を解決しよう」という決心が欠かせません。そのためには、周りの人たちが課題の前で立ちすくみ、避けて通ろうとする人に対して、勇気をくじくのではなく、勇気付けることが大切なのです。

WORDS OF ALFRED ADLER

67

知識は経験を通して知恵となる

勇気は実践においてのみ学ぶことができる。

▼『勇気はいかに回復されるのか』

「畳の上の水練」という言葉があります。畳の上でいくら水泳の練習をしても、実地の練習をしなければ、いざ水の中に入ると役に立たない、という意味です。

同様に、仕事のノウハウを教える本はたくさんあり、研修でも教えられますが、いざ現場に出てみると、ものの役に立たないことがすぐに分かります。

やはり、仕事に必要な能力の多くは「人は仕事を通して磨かれる」というように、知識は現場での経験を通して本物の知恵へと育っていくのです。

人生の課題に対処するためには勇気が欠かせませんが、この勇気は他者との関係の中で学ぶことが必要だというのがアドラーの考え方です。たとえば子どもであれば、年齢や能力の近い仲間をつくり、そこで共同体感覚を学び、能力や経験を積み、そして勇気を学んでいくことになるのです。アドラーは言います。

「勇気は実践においてのみ学ぶことができる。すべての勇気の基礎は社会的な勇気、われわれの他者との関係の中における勇気である」。

人生の課題は、いずれも対人関係に関わってきますが、対人関係に関わる課題を解決するために必要な勇気は、実践を通してしか学ぶことができないのです。

WORDS OF ALFRED ADLER

68

勇気は人から人へ伝わる

勇気は伝染するものである。

▼『勇気はいかに回復されるのか』

「熱意は人から人に伝わる」という言葉があります。アップルのマックチームが初代のマッキントッシュを開発していた当時、そこには「世界を変えるパーソナルコンピュータをつくる」という熱意が溢《あふ》れており、その熱意が引力のように働いて優れた才能を集め、猛烈な仕事をやり抜くことを可能にしたのです。

熱意と同様に、勇気も伝染するというのがアドラーの考えで、こう言っています。

「勇気と協力は、勇気があり協力的な人からしか学ぶことはできない。勇気は臆病と同様に伝染するものである。もしも、われわれが、われわれの勇気を保てば、他の人が自身の勇気を発達させるのを援助することができる」。

強い感情はおしなべて伝染力が強いものです。たとえ一人でもメラメラと熱意を燃やしていれば、やがて周囲にその熱意に打たれた協力者が集まってくるものですが、勇気も同じことです。

たとえ一人でも、勇気を正しく持ち続ければ、他の人が勇気を学び、勇気を身に付けるのを助けることができますし、共に勇気を持って行動する人たちが集まってくるのです。一人の力、一人の熱意、一人の勇気は、意外と大きな力を持っているのです。

WORDS OF ALFRED ADLER

69

周りの人を「仲間」と信じよう

共感を使うべきである。

▼『アドラーの生涯』

勇気付けは、人が人生の課題の解決に向けて努力する自信を持てるように援助することですが、罰することは反対に勇気をくじくことになります。

もし、親や教師が子どもたちを罰すれば、子どもは「大人は強く、子どもは弱い」ということを学び、「社会は敵対的であり、協力することは不可能である」と確信し、誰かのために協力しようとは思わなくなります。アドラーは言います。

「子どもにとって、責められ罰せられることは、協力できるよう勇気付けることになるだろうか。状況は以前より絶望的である。子どもは、人々は自分に敵対していると感じる。無論、学校を嫌う。非難され罰せられることが予期される場所を好きな人が誰かいるだろうか」。

アップルの創業者スティーブ・ジョブズは、小学校四年生の時に出会った心優しいヒル先生のお陰で、厄介者から一転、その才能が目覚め、以後の飛躍のきっかけをつかんでいます。「教育においては共感を使うべきです」がアドラーの信念です。罰は周りの人を「敵」と感じさせ、人生の課題への挑戦を困難にするだけです。子どもであれ大人であれ、勇気付けのためには、周りの人たちが「仲間」であると信じられるようにすることが必要なのです。

WORDS OF ALFRED ADLER 70

「知っている」より「できているか？」

心理学は一朝一夕に
学ぶことができる科学ではなく、
学び、かつ実践しなければならない。

▼『子どもの教育』

アドラーの心理学に限ったことでありませんが、「学ぶこと」「知ること」と「実践すること」の間にはいつも大きな壁があります。読んだ時や学んだ時には「なるほど、アドラーの言っていることはもっともだ」と思っても、いざ実行となると困難が伴います。厄介な課題を前に「できない言い訳」をあれこれと探します。

アドラーは体罰を否定しています。子どもに必要なのは勇気付けであり、勇気を持つことで子どもはいろいろなことができるようになる、というのがアドラーの教えです。

しかし、実際に子育てをしていると、子どものちょっとした態度の悪さにかっとなって、思わず手をあげそうになります。失敗ばかりをする部下に「だからお前は」と人格攻撃をしそうになることもあります。

アドラーの研究者・岸見一郎さんが「アドラーはつくづく難しいと思う。人生の一大事でなくても、こんな日々の対人関係が人生の試練となる」と書いていますが、アドラーが言うように「心理学は一朝一夕に学ぶことができる科学ではなく、学び、かつ実践しなければならない」。

「これ、知っている」と思った時、心に問うべきは「実践できているか」なのです。

WORDS OF ALFRED ADLER 71

必要なのは結果より努力する力

成功という結果によって判断し、
困難に立ち向かい、
それを切り抜ける力によっては判断しない。

▼『子どもの教育』

結果だけを見て人を評価すると、人は「結果さえ良ければ」とプロセスを無視するようになりますが、結果よりもプロセスを重視すれば、良い結果はいつも何度でも再現できるようになります。

ビジネスにおいて、成功することや結果を出すことは必要なことですが、プロセスを無視して「結果を出せ」「成果をあげろ」になってしまうと、時に不正の横行を助長することになりかねません。

アドラーがこう指摘しています。

「並外れた目標を持った子どもたちは困難な状況にあります。成功したかどうか、という結果によって判断し、困難に立ち向かい、それを切り抜ける力によっては判断しないのが習慣的であるからです」。

子どもに並外れた目標を持つように訓練するよりも、「勇気があり、忍耐強く、自信を持ち、失敗は勇気をくじくものではなく、新しい課題として取り組むべきもの」と教育する方がはるかに生きていく力になります。

手段を選ばない成功や、安易な成功が決して長続きすることはありません。それよりも努力を続ける力、正しく生きる力、協力する力、困難に立ち向かう力を身に付けることこそが重要なのです。

WORDS OF ALFRED ADLER 72

人生には「ギブ&ギブ」もある

支持されほめられている間は、前に進むことができた。しかし、自分で努力する時がやってくると、勇気は衰え、退却する。

▼『勇気はいかに回復されるのか』

人には誰しも人にほめられたいとか、認められたいとかいう「承認欲求」がありますが、あまりに承認欲求が強いと人生で問題が生じることになります。

たとえば、甘やかされ、ほめられて育った子どもは、ほめられないと、それが適切な行動で、やるべきことだと分かっていてもしなくなるといいます。

せっかく良いことをしても誰もほめてくれないと、「なぜ自分は認めてもらえないのか」と憤《いきどお》り、「誰も認めてくれないのなら二度とやるものか」となってしまうのです。こうした行動に対し、アドラーはこう言っています。

「支持されほめられている間は、前に進むことができた。しかし、自分で努力する時がやってくると、勇気は衰え、退却する」。

しかし、人生には認められなくても、ほめられなくてもやらなければならないことがたくさんあります。すぐには結果の出ない仕事もあります。親の介護は「ほめられるから」ではなく親への感謝・貢献の気持ちから行うものです。人生はいつも「ギブ＆テイク」とは限りません。「ギブ＆ギブ」でも自らの成長を実感できたり、貢献を感じられるのなら、それが十分な報酬なのです。

WORDS OF ALFRED ADLER 73

一瞬の成功より永続する成功を

正しい態度で人生を生きる人が成功すると約束はできないが、勇気を持ち続け、自尊心を失わないことは約束できる。

▼『勇気はいかに回復されるのか』

人はみな成功を目指し、そのために「どうすれば成功できるか」を学ぼうとするわけですが、その多くは成功への原則や法則などを教えてくれても、最短距離、最少の労力で成功する方法を教えてくれるわけではありません。

アドラーは「人は何にでもなれる」「人はたいていのことはできる」と楽観的な言い方をしていますが、絶対の成功を約束しているわけではありません。

「われわれは正しい態度で人生を生きる人がすぐに成功すると約束はできないが、そのような人が勇気を持ち続け、自尊心を失わないことは約束できる」。

共同体感覚や協力を学び、身に付けたからといって、すぐに成功するとは限りません。しかし、それらを学ばなかった人の成功が人々の利益にならず、成功が長続きしないのに対し、これらをしっかりと身に付けた人は勇気を持ち続けることができるし、人々に貢献することができるというのが、アドラーの考え方です。

人生の成功を測る尺度はさまざまです。共同体感覚や協力を身に付けた人は、大金持ちになれなくとも、貢献を通してたくさんの人に愛されるという幸福は、きっと手にできるのではないでしょうか。

WORDS OF ALFRED ADLER

74

「心の壁」を越えていけ

われわれは自分に制限を課し、努力を十分に生かすことができないと弁解をしてきた。

▼『勇気はいかに回復されるか』

スポーツの世界にはさまざまな「記録の壁」があります。たとえば、陸上の100メートル走では日本人選手には「10秒の壁」がありましたが、桐生祥秀《きりゅうよしひで》選手が9秒台を出した途端にあとに続く選手が出てきました。このように、誰も壁を越えられない時はみんなが「自分には無理」と思い込みますが、誰か一人が壁を越えてみせると、それはもはや壁ではなくなるのです。壁を越えるためには、もちろん技術や能力も必要ですが、それ以上に精神的にその壁を「越えられないもの」と見るか、「自分にも越えられる」と見るかの差がとても大きいようです。

人はこうした壁を自分でつくり上げます。アドラーによると、人はたとえば難しそうな課題を前にすると「これは私を越えている」と言って課題を回避することがあります。「自分に制限を課し、初めからやらないことの弁解」をしてしまうのです。

イノベーションがしばしば「業界の外から」起きるのは、部外者には余計な先入観がなく、経験者が「できない」と最初から諦《あきら》めることにも平気で挑戦できるからです。何かをするには「今よりも少し多めの勇気」が必要ですが、その勇気こそが限界を越えさせ、人生を変えていくことになるのです。

WORDS OF ALFRED ADLER

第八章

他者を「仲間」と見れば、生き方が変わる

WORDS OF ALFRED ADLER

75

他者を敵ではなく「仲間」と考えよう

私たちはみな仲間だ。

▼『アドラーの生涯』

アドラーが言う「共同体感覚」の「共同体」は、自分が属している家族や職場、社会や国家といったもののすべてであり、過去・現在・未来のすべてを含む宇宙全体を指しています。

それは今も到達できない理想郷と言えますが、そこに向かって努力をすることが必要というのがアドラーの考え方です。

人はたった一人で生きているのではなく、他者との関わりの中で生きており、他者を敵ではなく、仲間とみなすのが共同体感覚となります。アドラーがこう考えるようになったのは、第一次世界大戦に軍医として参加して以降のことです。

苦痛の多い任務を経て、ある時、アドラーが村のカフェの小さな集会で戦争の不毛さを語り、オーストリアの政治を批判したところ、祖国を非難するなと、とがめる人がいました。するとアドラーはこう答えました。

「私たちはみな仲間です。どの国の人であってもコモンセンス（常識、良識）のある人なら同じ仲間に感じます」。

他者を仲間と思い、共同体の中に自分の居場所があると感じることこそが良い人生の基礎となります。他者を「敵」と見るか、「仲間」と見るかで、生き方は大きく変わります。

WORDS OF ALFRED ADLER 76

協力する能力は身につけるもの

人生の課題を解決するためには
協力する能力を必要とする。

▼『勇気はいかに回復されるのか』

人間は一人で生きていくには弱い存在ですが、分業や協力を通してみんなで力を合わせることを学んだ結果、社会的発展が可能になっています。

しかし、協力する能力は遺伝的なものではなく、身に付けるもので、訓練され鍛《きた》えられるべきものだというのがアドラーの考えです。アドラーによると、たとえば地理を学んだことのない子どもが地理の試験で高得点を取ることは誰も期待しないように、協力する訓練を受けたことのない人が、協力の必要な課題を解決することはできません。

結婚する前はお互いに良い関係だった二人が、いざ結婚をしてみると夫は妻の家事や育児に協力的ではなく、関係がぎくしゃくすることがよくありますが、そこにはお互いの「協力」に対する考え方の違いがあるケースが少なくないようです。

それでも結婚している以上、二人が協力して解決すべき課題は多いだけに、考え方の違いを乗り越えて「協力する能力」を学ぶことが必要になってきます。

アドラーが言うように、「人生の課題を解決するためには協力する能力を必要」とします。それは一人で学ぶだけでなく、時に二人で、時にチームとして学ぶべきものなのです。

WORDS OF ALFRED ADLER

77

成功する人には私がない

公共の利益、
全体の幸福の観点に立てば、
決定が困難であるケースは
ほとんどないだろう。

▼『性格の心理学』

会社の利益と社会の利益が相反するものだった時、あるいは個人の利益と社会の利益が相反するものだった時、どちらを選べばいいのでしょうか。

アドラーが、戦争における司令官の例を挙げています。戦争でもう既に半分負けているのに、司令官がなおも何千という兵士を戦場へと駆り立てるというケースです。

司令官は当然、国益のために最後の一兵卒まで戦うことをよしとするでしょうが、たくさんの人の命を預かる人間として正しい判断と言えるのでしょうか。

アドラーは、こうしたケースでは「公共の利益、全体の幸福の観点」が必要だとして、はっきり「ノー」と言っています。理由はこうです。

「正しい判断ができるために必要なのは、普遍妥当的な観点である。公共の利益、全体の幸福の観点である。この観点に立てば、決定が困難であるケースはほとんどないだろう」。

人は何かを「やる」と決める時、都合の良い理屈をひねり出しますが、それは本当に公共の利益、全体の幸福に資するものなのかを考えることも必要です。判断に迷った時には「より大きな共同体の利益を考えよ」がアドラーの考えでした。

WORDS OF ALFRED ADLER

78

当たり前のことを徹底的にやれ

私はいつも心理学を単純にしようとしてきた。

▼『アドラーの生涯』

難しいことを難解に言うことで権威を高めようとする人がいますが、本当の知性は、難しいことを分かりやすく伝える能力で判断できます。アドラーの講義は専門用語を使わない温かいスタイルでした。

そのせいか、アドラーに「ソクラテスのような天才」を期待していた人は「深く失望した」といいます。あるいは、講演会を聞いて「今日の話はみんな当たり前の話（コモンセンス）ではないか」とくってかかる人もいましたが、そんな時、アドラーは平然と「コモンセンスのどこがいけないのか」と答えています。

アドラーは難解なことや奇抜なことをありがたがる風潮について、「善良な人の話はあまり読んで面白いものではない。しかし邪険で思慮のない悪人の話を語れば、読者を得ることができる」。

アドラーは、「私はいつも心理学を単純にしようとしてきました」として、難解なことを誰にでも分かりやすく語ることができました。同時に「当たり前のことを当たり前に徹底する」ことこそ大切であるということも理解していました。

仕事やコミュニケーションで大切なのは「難しいことを易《やさ》しく、易しいことはもっと簡単に」を心がけることなのです。

WORDS OF ALFRED ADLER

79

コモンセンスは多数決ではない

コモンセンスは
必ずしも常識あるいは
大多数の人の考えとは限らない。

▼『アドラーの生涯』

アドラーは「人は一人で生きているのではなく、他の人との間で生きており、互いに協力し合うことでより良く生きることができる」と考えていました。

こうした共同体で生きていく以上、「自分だけに通じる言葉ではなく、言葉と論理と『コモンセンス（共通感覚）』を使って他者と交わらなければならない」というのが、アドラーの考え方でした。

アドラーは、コモンセンスのない人は自己中心的な人であり、コモンセンスがなければ、そもそもコミュニケーションは成立しないというほどコモンセンスを重視していますが、ここで注意すべきは「コモンセンス」は一般的な「みんなの考え、みんなの常識」とイコールではないということです。

「コモンセンスは必ずしも『大多数の人の考え』とは限らない」。あるいは『常識』

アドラーによると、たとえ「世の中の常識」「多くの人が支持する考え」であっても、そのまま「コモンセンス」となるわけではなく、時に多数の意見に対して毅然《きぜん》として「ノー」と言わなければならないこともあるというのです。

WORDS OF ALFRED ADLER 80

他力は好意であり義務ではない

他の人に援助を求めることは
間違っていないが、
援助は好意ではあっても
義務ではない。

▼『恋愛はいかに成就されるのか』

アドラーによると、甘やかされて育った二人が結婚すると、二人とも「甘やかされたい」とは思うものの、自分自身が相手を「甘やかす」側には回りたくないと考えるといいます。誰かのために貢献はしたくないけれども、自分は誰かから貢献してほしいと願うのです。

こうした人たちは、自分の力で何とかなることでも、最初から他の人に援助を求める傾向があり、アドラーはこうした行為をする人を「他者の共同体感覚を搾取《さくしゅ》する人」と呼んでいました。

子育てで大変だからと近くに暮らす親に「助けてほしい」と頼んだところ、普段は助けてくれるのにたまに断られると「どうして助けてくれないの」と腹を立てたり、自分が忙しくて残業をしているといつもなら「手伝おうか」と言ってくれる同僚から「今日はちょっと用事が」と言われると頭にきたりします。

こんな時には自力でできないことであれば、他の人に援助を求めることは間違ってはいないものの、「助けを求められた人が援助するかどうかは、好意ではあっても義務ではない」と思い返すことが大切なのです。厳しいようですが与えられるのを待つだけの人、与えられるのを当然と考える人を世界が受け入れることはないのです。

「アドラー」参考文献

次の書籍を参考にしました。岸見一郎氏はアドラー研究の第一人者であり、実に多くのことを学ばせていただきました。

『個人心理学講義』アルフレッド・アドラー著、岸見一郎訳、アルテ
『性格の心理学』アルフレッド・アドラー著、岸見一郎訳、アルテ
『生きる意味を求めて』アルフレッド・アドラー著、岸見一郎訳、アルテ
『勇気はいかに回復されるのか』アルフレッド・アドラー著、岸見一郎訳・注釈、アルテ
『性格はいかに選択されるのか』アルフレッド・アドラー著、岸見一郎訳・注釈、アルテ
『恋愛はいかに成就されるのか』アルフレッド・アドラー著、岸見一郎訳・注釈、アルテ
『子どもの教育』アルフレッド・アドラー著、岸見一郎訳、一光社
『アドラーの生涯』エドワード・ホフマン著、岸見一郎訳、金子書房
『アドラー 人生を生き抜く心理学』岸見一郎著、NHKブックス
『アドラー心理学入門』岸見一郎著、ベスト新書
『困った時のアドラー心理学』岸見一郎著、中公新書ラクレ
『人生を変える勇気』岸見一郎著、中公新書ラクレ

桑原《くわばら》 晃弥《てるや》

1956年、広島県生まれ。経済・経営ジャーナリスト。慶應義塾大学卒。業界紙記者などを経てフリージャーナリストとして独立。トヨタ式の普及で有名な若松義人氏の会社の顧問として、トヨタ式の実践現場や、大野耐一氏直系のトヨタマンを幅広く取材、トヨタ式の書籍やテキストなどの制作を主導した。一方でスティーブ・ジョブズやジェフ・ベゾスなどのIT企業の創業者や、本田宗一郎、松下幸之助など成功した起業家の研究をライフワークとし、人材育成から成功法まで鋭い発信を続けている。著書に『スティーブ・ジョブズ名語録』（PHP研究所）、『スティーブ・ジョブズ　結果に革命を起こす神のスピード仕事術』『トヨタ式「すぐやる人」になれるすごい仕事術』（ともに笠倉出版社）、『ウォーレン・バフェット巨富を生み出す7つの法則』（朝日新聞出版）、『トヨタ式5W1H思考』（KADOKAWA）、『1分間アドラー』（SBクリエイティブ）、『amazonの哲学』『トヨタはどう勝ち残るのか』（ともに大和文庫）などがある。

イラスト　田渕正敏
デザイン　宮下ヨシヲ（サイフォン グラフィカ）
DTP　萩原正穂・馬場善宣（アクト）
校正　土井明弘
編集　山田吉之（リベラル社）
編集人　伊藤光恵（リベラル社）
営業　津村卓（リベラル社）

編集部　渡辺靖子・堀友香・須田菜乃
営業部　津田滋春・廣田修・青木ちはる・澤順二・大野勝司・竹本健志
制作・営業コーディネーター　仲野進

人間関係の悩みを消す　アドラーの言葉

2020年 2 月27日　初版発行
2023年12月25日　6 版発行

著　者　桑原　晃弥
発行者　隅田　直樹
発行所　株式会社 リベラル社
〒460-0008　名古屋市中区栄3-7-9　新鏡栄ビル8F
TEL 052-261-9101　FAX 052-261-9134
http://liberalsya.com
発　売　株式会社 星雲社（共同出版社・流通責任出版社）
〒112-0005　東京都文京区水道1-3-30
TEL 03-3868-3275
印刷・製本所　株式会社 シナノパブリッシングプレス

　ISBN978-4-434-27166-3　C0034
　316003